프로 컨설턴트 바이블

황창환

프로 컨설턴트 바이블

초판 1쇄 인쇄 2015년 8월 25일
초판 1쇄 발행 2015년 9월 1일

지은이 황창환
펴낸이 백유미

CP 조영석 | **책임편집** 노준승 | **편집장** 박은정 | **편집팀장** 박혜연 | **마케팅** 남성진 조영민
디자인 이정화 이인희 | **출력** 카이로스 | **인쇄** 도담프린팅

펴낸곳 라온북
주소 서울 서초구 사임당로 64 6층
등록 2009년 12월 1일 제2014-000141호
전화 070-7600-8230 | **팩스** 070-4754-2473
이메일 raonbook@raonbook.co.kr | **홈페이지** raonbook.co.kr

값 12,500원
ISBN 979-11-5532-187-4 13320

이 책은 저작권법에 따라 보호를 받는 저작물이므로 무단전재 및 복제를 금지하며, 이 책 내용의 전부 및 일부를 이용하려면 반드시 저작권자와 (주)니카 라온북의 서면동의를 받아야 합니다.
* 라온북은 (주)니카의 출판 브랜드입니다.
이 도서의 국립중앙도서관 출판시도서목록(CIP)은 서지정보유통지원시스템 홈페이지(http://seoji.nl.go.kr)와 국가자료공동목록시스템(http://www.nl.go.kr/kolisnet)에서 이용하실 수 있습니다. (CIP제어번호 : CIP2015022653)

* 잘못된 책은 구입한 서점에서 바꾸어 드립니다.

> 라온북은 독자 여러분의 다양한 아이디어와 원고 투고를 설레는 마음으로 기다리고 있습니다. 머뭇거리지 말고 두드리세요.
> 보내실 곳 raonbook@raonbook.co.kr

프로페셔널 컨텐츠 바이블

황창환 지음

라온북

나는 대기업 임원이 부러워하는
프로 컨설턴트다

'100세 시대'라는 말이 이제 지겨울 정도로 익숙해졌다. 이런 시대에 직장이 평생 나를 보호해주지 못함은 당연하다. 중소기업이든 대기업이든 마찬가지다. 최근 뉴스에 따르면 정년퇴직 평균 연령이 약 52세라고 한다. 상황이 이런데도, 사람들은 대기업에 들어가면 성공한 것으로 알고, 청년들은 대기업에 목을 맨다.

말은 이렇게 하지만, 사실 나도 젊은 시절에는 그렇게 알고 살았다. 대기업에 입사했고, 회사가 전부인 줄 알고 미친 듯이 일만 했다. 나만 그런 것이 아니라, 같은 회사의 모든 사람이 그랬다. 아침 8시 30분이면 모든 사람이 사무실에 출근했고, 늦은 저녁까지 일했다. 그 결과로 그들은 각자 자기 분야에서 많은 업적을 이뤘다. 하지만 승진하면 할수록 조직 내에서의 경쟁이 치열해졌다. 좀 더 많은 일을 해야만 살아남을 수 있는 구조였다. 나 역시 이 경쟁에 뛰어들었고, 제법 인정받는 인재가 됐다.

나는 회사에서 소위 '잘나가는' 직원이었다. 39세에 차장으로 승진했는데, 동기 중 가장 빠른 진급이었다. 주위에서도 나는 차기 임원이 될 사람으로 평가받았다. 하지만 이 시기에, 이미 내 마음속에는 의심이 일고 있었다. 과장 승진을 한 뒤부터 들기 시작한 의심으로, '내가 계속 승진한다 해도 이 조직에서 어디까지 갈 수 있을까?' 하는 생각이었다.

내가 다니던 회사는 부사장 2명에, 그중 1명이 사장이 되는 체제였다. 나는 부사장까지는 될 자신이 있었고, 주변에서도 그렇게 평가했다. 하지만 그 이상은 업무 능력만으로 되는 것이 아니다. 혈연, 지연, 학연과 같은 연줄이 있거나 사정(사내 정치)에 능하지 않으면 어려운 일이다. 그리고 나는 이 부분에 자신이 없었다. 게다가 임원은 2년에 한 번씩 계약을 갱신하는 방식이었으므로, 기껏 임원이 된다고 해도 항상 가시방석일 터였다. 직장생활을 계속하면 임원까지 승진하고 55세까지는 안정적인 삶을 살 수 있겠지만,

나는 그 이후에도 계속 전문가로 활동하고 싶었다.

그래서 내가 생각해낸 것이 '컨설턴트'였다. 내가 생각하는 컨설턴트는 현재 자신이 하고 있는 일에서 터득한 경험에 지식체계를 더해서 그 가치를 통해 다른 사람들을 지원할 수 있는, 말하자면 '프로 컨설턴트'였다.

당시에 나는 10년 정도를 현장에서 정말 열심히 활동하였기 때문에 영업과 마케팅 분야에서는 어떤 상황에서도 높은 성과를 낼 수 있다는 자신감에 차 있었다. 하지만 경험이라는 것은 내가 소속된 조직 안에서는 통할지 몰라도, 그것만으로는 더 넓은 시장에서는 통하지 않을 것이라는 생각이 들었다. 그래서 일정한 지식체계를 갖춰야겠다는 생각으로 내가 하고 있는 일과 관련된 외부 교육 프로그램을 통해 지식을 쌓아갔다. 그리고 이런 방법론을 습득하면서, 경험에 지식체계를 더한다면 훨씬 큰일을 할 수 있겠다는 자신감이 생겼다. 그래서 경영학을 좀 더 깊게 공부하고 경영 컨설팅까지 공부하게 됐다.

　당시 내가 근무하던 기업에는 1천 명이 넘는 직원이 근무하고 있었지만, 나처럼 준비하는 사람이 없었다. 그렇다 보니, 다른 비즈니스와 연결할 수 있는 지식체계를 어떻게 갖추어야 할지 몰라 주먹구구식으로 여러 가지를 공부하게 됐고, 여러 교육기관을 거치며 상당한 시간과 비용을 낭비하기도 했다. 내가 제대로 준비하고 있는지 의구심도 들고 혼란스러운 시간이었지만, 시간이 지나면서 자격증도 생기고 지식이 쌓이면서 그 길이 옳다는 믿음이 생겼다.
　역시 세상은 준비하는 자에게 기회를 주는 모양이다. 프로 컨설턴트가 되기로 결심하고 준비한 지 3년 정도 됐을 때, 좀 더 넓은 영역에서 활동할 수 있는 기회가 주어졌다. 다들 나를 만류하는 분위기였지만, 나는 결국 다른 비즈니스를 지원할 수 있는 프로 컨설턴트의 세계로 진출했다. 그렇게 지금까지 10년 정도가 지났고, 그

동안 25개의 기업과 40여 개의 프로젝트를 함께했거나 해나가고 있다.

현재의 수입은 10년 전과 비교할 수 없을 정도로 높다. 지금은 여러 기업에서 임원이 된 나의 입사 동기들과 비교해도 더 높은 수입을 올리고 있다. 하지만 단지 더 높은 수입만이 프로 컨설턴트의 장점은 아니다. 남들이 보기에는 부러워할 만한 임원이 된 내 동기들이, 막상 만나서 술잔을 기울이다 보면 내가 10년 전에 했던 고민을 똑같이 하고 있다. 그리고 그들 대부분은 내게 부럽다는 말을 자주 한다.

지금은 조직 안에서도 자신의 분야에서 맡은 일만 충실히 하는 사람보다 좀 더 넓은 시각을 가지고 창의적으로 일하는 사람들을 선호한다. 즉, 이제는 기업에도 단순히 분야 전문가가 아니라 다른 비즈니스까지 도울 수 있는 프로 컨설턴트가 필요한 시기다. 그래서 많은 기업이 직원의 교육을 아낌 없이 지원한다.

　프로 컨설턴트란 앞서 말한 것처럼 경험에 지식체계를 더해 다른 비즈니스의 성공을 지원할 수 있는 준비가 되어 있는 사람이다. 여기서 중요한 것은, 현재의 '경험'을 바탕으로 한다는 점이다. 자신의 전문분야에서 최소 3년 이상을 활동한 경험이 있다면, 그리고 여기에 지식체계를 더하는 노력을 할 의지만 있다면, 지금부터 프로 컨설턴트가 되기 위한 준비를 해보자. 이 책이 그 길에 함께 할 것이다.

프로 컨설턴트
황창환

머리말 나는 대기업 임원이 부러워하는 프로 컨설턴트다 … 6

1장 직장생활 10년 차, 프로 컨설턴트에 도전하라

카페 창업은 답이 아니다 … 17
시작은 언제나 '지금' 해야 한다 … 23
나만의 문제 해결 경험을 팔아라 … 29
지식에 경험을 더하면 상품이 된다 … 34
카페 창업 비용의 5%면 프로 컨설턴트가 될 수 있다 … 39
프로 컨설턴트가 되는 방법들 … 43

2장 누구나 프로 컨설턴트가 될 수 있다

지금 하는 일에 집중하면 답이 보인다 … 53
경험이야말로 가장 확실한 준비 … 57
지금 그 자리에서 준비하라 … 60
노하우는 축적된다 … 64
가장 확실한 투자 … 67
경험의 상품화 … 70

직장생활 10년, 프로 컨설턴트 준비 기간

나만의 프레임이 필요하다 … 77
필요하다면 지금부터라도 학력을 높여라 … 81
자신을 표현할 줄 알아야 한다 … 85
수집하고 정리하라 … 89
발표하고 체크하라 … 93

4장 프로 컨설턴트, 경험에 지식을 더한 사람

컨설팅의 커뮤니케이션은 리더십이다 … 101
문제 해결의 핵심, 아이템 조사 … 108
'컨설테이션'을 활용하라 … 114
프로젝트의 성과는 컨트롤이 결정한다 … 120
기업성과를 최적화시키는 조언 … 126
프로 컨설턴트의 코디네이션 시너지 … 131

5장 억대 수입 프로 컨설턴트 실전 컨설팅 사례

최후에 부르는 승자의 노래 … 139
대리점과 본사의 상승효과 … 146
'보이는 시스템' 구축 … 151
노력으로 만드는 운칠기삼 … 156
멘탈이 결정하는 퍼포먼스 … 162
작은 시작 큰 성과 … 167

6장 1% 프로 컨설턴트의 특별 노하우

누구나 빠른 것을 원한다 … 175
컨설팅 성공 노하우 … 180
성공과 실패의 사다리 … 185
'자문 컨설팅'이 답이다 … 190

맺음말 평생직장은 없다 … 195
부록 프로 컨설턴트에 대한 Q&A … 198

1장
직장생활 10년 차, 프로 컨설턴트에 도전하라

**PROFESSIONAL
CONSULTANT**

카페 창업은
답이 아니다

오늘날 복잡한 삶을 살면서 진심으로 원하는 일을 하는 사람이 과연 얼마나 될까 생각해본다.

직장인들은 항상 자신의 분야에서 다른 사람들과 치열한 경쟁을 하게 된다. 그 경쟁에서 승리하는 넘버원만이 조직에서 최고의 대접을 받는다. 장기적으로 봤을 때 이렇게 치열한 경쟁 구조는 직장인들을 빨리 지치게 만든다. 또한, 이는 많은 직장인들이 자신의 전문 분야에서 높은 성과를 창출하지 못하는 이유가 되기도 한다.

이러한 현상을 반영해 직장인들은 자신이 하고 있는 일에서 자신만이 할 수 있는 일을 찾아내야 한다. 만약 그런 일이 없다면, 지금까지 체득한 경험에 새로운 지식체계를 더해 그런 일을 만들어내야만 한다. 그래야만 다른 사람들과 치열한 경쟁을 하지 않으면서도 그 영역에서 최고의 성과를 창출할 수 있는 것이다.

이것은 단순히 그 영역에서 경쟁을 통해 넘버원이 된다는 차원이 아니다. 이는 세상에서 자신만의 비즈니스 영역을 구축하는, 일종의 '온리원'이 되는 것이다. 나는 이를 프로 컨설턴트의 영역이라 정의한다.

프로 컨설턴트의 영역은 특히 지금 우리나라 직장인들에게 매우 필요하다. 우리나라 직장인들은 일을 통해 삶의 의미를 찾으려는 욕구가 그 어떤 나라의 직장인들보다 강하기 때문이다.

자신의 삶에서 진정한 의미를 찾을 수 있는 일은, 자신이 하고 싶어 하는 일과 할 수 있는 일, 그리고 해야 하는 일의 접점에 있어야 한다. 하지만 대부분의 직장인들은 자신의 일에서 이 접점을 찾으려 노력하지 않는다. 노력을 떠나, 자신이 할 수 있는 일은 무엇인지, 해야 하는 일이 무엇인지 모르는 경우도 많다. 심지어는 자신이 하고 싶은 일, 정말 원하는 일이 무엇인지조차 모르는 사람도 많이 봐왔다.

이런 시기일수록 자신이 원하는 일이 무엇인지 진지하게 생각해봐야 한다. 언뜻 생각이 나는 것들이 있겠지만, '진정으로' 원하는 것은 전혀 다른 것일 수도 있다. 그러므로 시간을 두고, 다각도로 생각해볼 필요가 있다. 이런 노력을 바탕으로 자신이 진정으로 원하는 일을 찾아야 한다. 그 방법은 자신이 쌓아온 경험과 자신의 경험에 가치를 부여할 수 있는 지식체계, 그리고 자기 비즈니스로 성공하겠다는 강한 정신력, 이 세 가지라 할 수 있다. 이 세 가지를 모두 갖추려는 노력이 더해져야 한다.

2015년 1월 발간된 '유엔인구기금 세계 인구 현황 보고서'에 따르면, 전 세계 평균수명이 남자는 68세, 여자는 72세라 한다. 이 보고서를 보면 한국 남자의 평균수명은 78세로 세계 평균보다 10세나 높고, 한국 여자의 평균수명은 85세로 평균보다 13세나 더 높게 나타났다.

구분	세계	한국
인구(명)	72억 4400만	4950만(27위)
기대수명(세)	남 68/여 72	남 78/여 85
여성 1인당 출산율(명)	2.5	1.3
피임보급률(%)	64	79(6위)

▲ '유엔인구기금 보고서'의 인구 현황 (출처: 인구보건복지협회)

하지만 이보다 더 중요한 사실이 있다. 우리나라가 이제 평균수명 100세 시대를 목전에 두고 있다는 것이다. 이러한 통계를 통해 앞으로의 삶을 예측해보면, 이제 직장에서 60세에 은퇴하고도 40년을 더 활동해야 하는, '넥스트 비즈니스'가 필요한 시대가 됐다고 볼 수 있다. 나는 이 넥스트 비즈니스의 대안으로 프로 컨설턴트를 제안한다.

몇 년 전, 부모님 집에서 연휴를 보냈을 때의 일이다.

당시 30년 이상의 공직생활을 무사히 마치고 정년퇴직하신 아버지의 말씀은 나에게 내 삶에 대해 좀 더 신중하게 생각할 수 있는 계기가 되었다.

아버지는 58세에 공직에서 정년퇴직을 하신 후 사회적으로 활동할 수 있는 일이 없는 상태로 20년 넘게 생활하셨는데, 그 경험에서 알게 된 것을 알려주셨다. 바로, 나이가 많을수록 일의 소중함이 더욱 절실하다는 것이었다.

아버지의 걱정은 단순한 노파심이나 기우가 아니었다. 자신의 자녀 세대, 즉 우리 세대에는 평균수명이 더욱 길어져 직장에서 퇴직하고 난 뒤에도 40년 이상을 살아야 한다는 점을 감안하면, 지극히 현실적인 걱정이었다. 40년은 무척이나 긴 시간이다. 그 긴 시간에 무엇을 하고 살아야 할지 지금부터 고민하고 준비해야 한다는 것이다.

나는 그 말씀을 하시던 아버님의 진지한 표정을 잊을 수가 없다. 자식들을 위하는 진심 어린 표정에서 아버님의 절실한 마음을 느낄 수 있었다.

이러한 이유로 나는 자신의 경험에 지식체계를 더해 프로 컨설턴트로 활동하는 것이 더욱 중요하다고 생각한다. 왜냐하면 우리나라 중소기업들은 현실적인 생존의 위협에 시달리고 있고, 직장에서 퇴직한 많은 사람이 창업을 하는 실정이기 때문이다.

서울시와 서울신용보증재단이 분석한 '서울 자영업자 업종 지도'에 따르면, 서울에서 자영업 창업 후 생존율은 1차년도 79.4%, 2차년도 63.3%, 3차년도 53.9%였다. 업종에 따라서는 3년 후까지 살아남는 확률이 30%대로, 10개 중 7개가 3년 이내에 폐업하기도 한다.

생존율 높은 업종(생존율)	생존율 낮은 업종(생존율)
보육시설, 노인 요양시설(100)	PC방(32.9)
편의점(84.7)	당구장(35.9)
자동차 수리점(82.5)	통신기기 판매점(40.3)
인테리어(78.4)	분식점(42.5)
일반의원(78.2)	부동산 중개업(47.3)

▲ 창업 후 3차년도 생존율 (자료: 서울신용보증재단)

이 자료의 핵심은, 서울에서 창업하는 자영업자의 절반 이상이 3년 이내에 폐업하고 있다는 것이다. 그렇다면 회사에서 열심히 일을 하고 60세에 퇴직한 이후, 계속 이어지는 은퇴 후의 시간에 대해서도 신중히 생각해봐야 한다는 결론이 나온다.

이런 관점에서 본다면 지금 회사에서 하는 일에 만족하기보다는 현재 하고 있는 일에서 얻는 경험에 어떠한 지식체계를 구축할 것인지에 대한 고민이 필요하다. 이런 신중한 고민을 바탕으로 지금부터 준비해야 은퇴 이후 또는 그보다 빠른 시간 안에 경쟁력 있는 프로 컨설턴트로 활동할 수 있다. 이제는 누구든지 프로 컨설턴트로 자신만의 온리원 비즈니스를 구축해야 하는 시기이다.

시작은
언제나 '지금' 해야 한다

지금은 그 어느 때보다 경쟁이 치열한 시대다. 이러한 시대적 특성을 배경으로 기업들은 자신의 경쟁력을 강화하는 일에 모든 노력을 기울일 수밖에 없다. 새로운 기법들을 도입하기보다는 장기적인 안목을 갖추고 빠른 시간에 현장의 지식과 경험을 공급하길 원한다.

이를 바탕으로 보자면, 향후 프로 컨설턴트의 시장은 점점 더 커질 전망이다. 조직이나 개인들이 프로 컨설턴트에 의존하는 현상이 더 빠르게 확산될 수밖에 없다. 물론 조직에 속해 위에서 내려오는 업무를 수행하는 것도 중요하다. 그러나 이보다 더 중요한 것은 자신의 경험에 지식체계를 더하여 시장에서 1인 기업으로서의 프로 컨설턴트로 활동하는 것이다.

현재는 많은 기업이 점진적인 변화를 추구하고 있다. 전문 영역에서 경험을 갖추고 여기에 지식체계를 구축하려는 사람에게 최적의 시기가 온 것이다.

나와 5년을 같이 일한 일본 컨설턴트가 있다. 그는 동경대 경제학부를 졸업한 수재이고, 한국에서 10년 넘게 활동한 한국통 프로 컨설턴트다. 그에게는 한국에서 일한 경험에 컨설팅 영역의 전문 지식체계를 더하여 일본에서 한국계 기업들을 대상으로 프로 컨설턴트로 활동하겠다는 계획이 있다.

일본에서는 프로 컨설턴트로 활동하는 사례가 매우 흔하다. 잘 구축된 비즈니스 체계로 본인이 활동하고 난 뒤에는, 일본의 가업 승계 전통에 따라 가족들과 함께 대를 이어 프로 컨설턴트로 활동하기도 한다.

우리나라는 1950년에 겪은 전쟁 이후 본격적인 산업화에 들어섰다. 일본은 우리보다 60년 앞선 1890년부터 본격적인 산업화가 시작되었다. 이러한 일본의 비즈니스 현장에서는 1인 기업으로서의 프로 컨설턴트들이 자신이 개발한 비즈니스 전략을 토대로 대를 이어 가업을 승계하는 것이 자연스러운 일이다.

이렇게 자연스러운 승계가 이어지는 일본에 비해 산업화가 60

년이나 늦은 우리에게 프로 컨설턴트는 생소한 분야일 수밖에 없다. 그러나 지금 우리가 생각해야 하는, 즉 자신의 경험에 지식체계를 더한 새로운 비즈니스인 프로 컨설턴트의 국내시장 형성과 그 시장의 확산 전망은 매우 확실하다. 그리고 이 비즈니스는 다음 세대에까지 가업으로 승계할 수 있는 비즈니스 시스템이라는 점에서 더 의미가 있다.

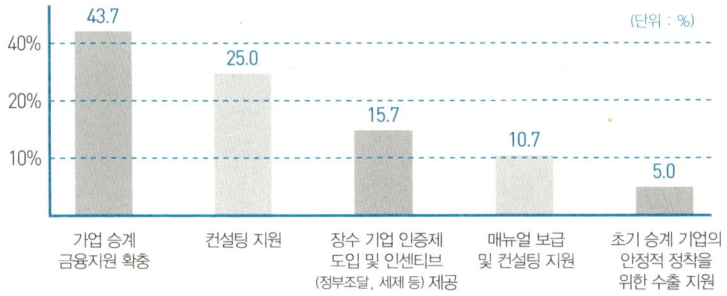

▲ 대한민국 가업 승계 지원 방향 (출처: 중소기업중앙회)

지금까지 우리는 치열한 경쟁 사회에 살면서 초등학교 때부터 학습을 통해 사회에 적응하는 준비를 해왔다. 또 중학교와 고등학교를 거치는 인생의 10대에는 더 좋은 대학으로 진학하기 위해 고민하고 노력해야만 했다.

이런 노력은 대학에 진학하느냐 못하느냐의 문제로 끝나지 않는다. 이는 지속적인 사회 적응으로 연결되는 일종의 첫발을 디디는 일과 다르지 않기 때문이다. 그 연결선상에서 20대에는 자신의 미래를 위해 사회로 어떻게 진출할 것인가 선택하는 기로에 서게 된다. 자신에게 맞는 일을 찾으려 끝없이 노력해야 하는 지점에 있는 것이다.

30대에 들어서면 인생의 2막을 고민하기 시작한다. 많은 사람이 좀 더 의미 있는 삶을 살아가고자 수많은 시도와 노력을 기울인다. 40대가 되어서도 이런 고민은 끝나지 않는다. 그렇다면 이 시기에 무엇을 어떻게 고민해야 하는가. 40년이 더 주어지는 삶을 위한 생존 수단, 즉 이제 본격적으로 그 40년을 위해 미래 사업을 구상해야 하는 지점에 다다랐다. 그러므로 40대가 고민해야 할 것은 지금까지의 경험에 지식체계를 더해 앞으로의 40년을 준비하는, 자기 비즈니스를 완성하는 일이다.

나는 앞으로 5년 후 또는 10년 후의 기업들은 지금과는 다른 모습으로 변화할 것이라 본다. 지금과 같이 신입사원을 선발해 일을 가르치고 그 일을 전담하게 하는 시스템은 경쟁력이 떨어진다. 그보다 시장이라는 네트워크에서 그 일에 대해 전문성을 가진 사람이나 조직을 찾는 것이 훨씬 효율적이다. 기업들은 이러한 전문가들과 계약을 통해 비용을 지급하고 일을 의뢰하는 방식으로 전환할 것이다. 이는 그만큼 시장이 빠르게 변화하고 있기 때문이라 할 수 있다.

시장 변화의 빠른 속도에 맞추기 위해, 회사는 내부 직원들이 새로운 일에 대한 경험을 갖추는 시간을 기다리지 않는다. 기업들은 모든 일에서 직원들에게 새로 지식을 가르치며 시장에서 경쟁하기는 어렵다는 점을 잘 알고 있다. 이런 이유로 기업들은 점점 더 많은 일들을 프로 컨설턴트에게 의뢰하게 된다. 이 같은 현상은 향후 일정한 시간 동안 더욱 빠르게 심화될 것이다. 그리고 더 많은 프로 컨설턴트들이 자신의 경험에 지식체계를 갖추고 일하게 되는 시대가 다가온다.

나는 주말에 아들과 함께 여의도에 있는 사무실로 출근한다. 그게 벌써 7, 8년째이다. 처음에는 초등학생다운 호기심으로 나를 따라 나오던 아들은 어느덧 고등학생이 되었지만, 지금도 주말에 나와 함께 사무실에 나오려고 한다. 사무실에서 아들에게 특별히 가르치는 것은 없다. 단지 주말의 일정 시간을 사무실에서 함께 생활하는 것만으로도 우리 사이에는 많은 공감대가 생긴다. 이러한 내 노력이 아들에게 프로 컨설턴트의 비즈니스를 자연스럽게 경험할 수 있게 함은 물론이다.

이것은 나와 아들에게 의미 있는 일의 하나라 할 수 있다. 앞으로 5년이나 10년 뒤에는 자신의 경험에 지식체계를 갖추는 것이 보편화되고 더 많은 프로 컨설턴트에 대한 사회적 요구가 발생할 것이기 때문이다.

지금은 누구에게나 경험이 중요한 시대다. 어떤 분야든 경험은 소중한 자산이 된다. 다시 말해 경험이라는 것은 스스로 자기만의 역사를 갖는 것이고, 이는 그 사람의 독보적이고 고유한 무기가 될 수 있다. 여기에 지식체계를 더하는 것은 순전히 자기 몫이다. 그러므로 자신이 사회에서 어떠한 경험을 하고 그 경험에 어떤 지식체계를 갖추어야 프로 컨설턴트가 될 수 있는지 이해하고 준비하는 과정을 알아야 한다.

나만의 문제 해결 경험을 팔아라

우리는 사회에서 무수히 많은 문제들과 접하게 된다. 그리고 그러한 문제들을 해결함으로써 더 많은 일을 추진하게 되는 것이다.

우리가 접하는 문제는 내가 처해 있는 현재 모습과 내가 생각하는 이상적인 모습과의 갭(gap)으로 나타난다. 이 갭을 극복하기 위해 문제 해결의 핵심으로 들어갈지 말지는, 문제 해결 과정에서의 제약요인과 그 문제를 해결하고 난 뒤 예상되는 기대효과에 따라 결정된다.

문제 해결을 통해 원하는 효과를 거두려면 다음 그림의 부등호 오른쪽에 있는 제약요인의 크기를 최소화하는 작업이 필요하다. 즉, 내가 지금 부담해야 하는 지급비용을 최소화하면 당연히 제약요인과 기대효과의 비교에서, 기대효과가 큰 쪽으로 부등호가 결정된다. 때문에 바로 문제 해결 단계로 접어든다.

우리가 생각하는 40대 이후의 이상적인 모습은 자신의 전문 영역에서 프로 컨설턴트로 1년에 억대 수입을 올리면서 안정적인 생활을 하는 것이다. 하지만 지금의 내 모습이 현재의 일에 너무 몰입되어 있다면 이것은 하나의 이상에 불과할 뿐이다. 미래의 이상적인 생활을 위해 필요한 갭을 줄이는 문제 해결 단계로 들어가지 못함을 의미한다.

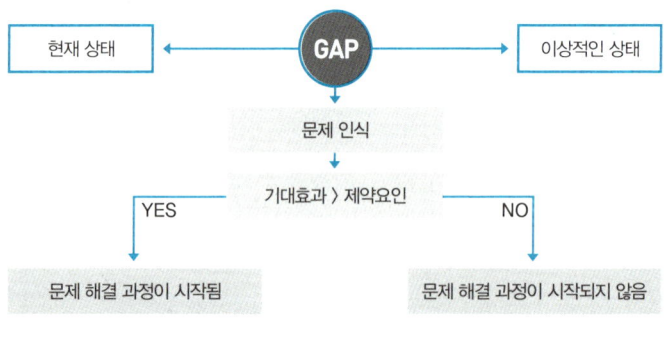

▲ 문제 해결 프로세스

이것은 우리가 미래에 원하는 기대효과는 명확한데, 그 기대효과를 획득하기 위해 해결해야 하는 제약요인을 현재 감당하지 못하고 있다는 말이다.

우리의 삶은 모든 것이 현재의 선택에 의해 결정된다. 문제는 선택의 대부분이 항상 지금의 일 쪽으로 움직인다는 것이다. 이러한 선택이 장기적으로 우리의 미래에 영향을 미치게 된다. 현재에 급급한 선택을 반복할수록 우리는 그것을 감당하기 위해 더 많은 에너지를 쏟아야 한다. 이런 일을 계속 반복한다면 결코 소모적인 테두리를 벗어나지 못한다. 미래의 바람직한 모습인 프로 컨설턴트가 되는 것은 더더욱 어렵다.

프로 컨설턴트가 되기 위해 현재의 제약요인을 축소하는 법은 간단하다. 40대 이후를 위해 지금 준비해야 하는 일들을 최소화하는 것이다. 이는 '현재 하는 일에 충실하면서 자신의 일에서 경험 만들기에 최선을 다하는 것'이라 할 수 있다. 지금의 일을 진행하며 그것에서 성과를 높이기 위한 하나의 방법인 지식체계를 갖추는 것이다. 이때의 모든 준비는 현재 업무의 연결선상에 있으므로 현실적인 어려움이 반감되는 것은 당연하다. 또한, 지식체계를 갖추는 것이 지금 하고 있는 일을 위한 것이기에, 미래의 일에 대한 지급비용도 최소화된다.

전문가는 자기 경험에 지식체계를 더한다

프로 컨설턴트에게는 두 가지 전문성이 필요하다.

하나는 현재 자신의 일을 통해 얻는 경험의 영역이다. 현재 자신의 일을 통해 얻은 풍부한 경험을 보유한 사람들을 '내용 전문가'라 칭한다.

또 다른 하나는 프로세스 전문가이다. 프로세스 전문가는 어떤 일을 할 때 기술적인 작업의 진행 과정이나 진척되는 정도를 예측하고 가늠해, 어떻게 진행하고 어떤 프로세스를 적용할 것인가를 아는 사람이다.

프로세스 전문가가 되기 위해서는 전문적인 지식체계를 갖추어야 한다. 이 책에서 제시하는 6모델에 대한 기본적인 이해와 활용 방식을 습득하면, 프로세스 전문가가 되는 데 필요한 지식체계를 갖춘 것이라 볼 수 있다.

내용 전문가이자 프로세스 전문가가 된다면, 누구든 프로 컨설턴트로 활동할 수 있다.

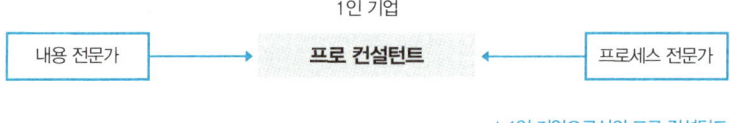

▲ 1인 기업으로서의 프로 컨설턴트

경영자들은 직접적으로 회사에 관한 모든 일을 경험하려고 하지 않는다. 단지 자신의 경험을 중심으로 운영해 나가지만, 다른 분야에 대해서는 프로세스적인 방식으로 접근하며 지식을 접목시킨다. 그것이 바로 지식모델이다. 프로 컨설턴트는 자신의 사적인 경험만이 아니라 조직에서의 경험과 그에 적합한 지식 프로세스를 추가한다. 맞춤형의 지식체계와 그와 관련된 가치를 시장에서 활용할 수 있는 사람들인 것이다.

시장에서 가장 뛰어난 프로 컨설턴트는 자신의 경험만을 팔지 않는다. 그들은 자신의 직접적인 경험이 아니어도 자신들이 소속된 조직에서 일어난 모든 일에 대해 세밀하게 관찰하고 정밀하게 습득한다. 그럼으로써 조직의 경험을 자신의 것으로 만든다. 이렇게 전략적인 습관이 경험의 영역을 넓힐 수 있기 때문이다. 여기에 지식체계만 갖추게 된다면 놀라울 정도로 많은 분야에서 탁월한 활동을 할 수 있다.

지식에 경험을 더하면 상품이 된다

CJ제일제당의 미션은 '자신만의 독보적인 제품과 서비스로 고객을 위한 최고의 가치를 창출하고, 국가와 사회에 기여한다'이다.

나는 '독보적'이라는 말을 정말 좋아한다. 그래서 항상 독보적인 존재가 되려고 노력한다. 내 모든 노력이 프로 컨설턴트로 활동하는 데 정말 중요한 밑거름이 되고 있다.

내가 기업에서 일하던 2000년도의 일이다. 당시 지식체계를 습득하기 위해 개인적으로 투자한 50만 원이, 현재 억대 수입을 올리는 밑거름이 되었다. 그때 내가 다니던 회사는 직원들을 위한 교육 비용이 정해져 있었다. 모든 직원들의 교육이 그 범위 내에서 진행되어야 하기에 개인별 맞춤형보다는 단체로 진행되는 회사 자체 프로그램만 참여할 수 있었다. 당연히 외부의 전문 교육기관에서 진행하는 프로그램을 회사 비용으로 수료한다는 것은 불가능했다.

그런 상황이니 원하는 외부 프로그램을 수강하려면 개인 비용을 들여 신청해야만 했다. 그것도 평일밖에 시간이 되지 않아, 1년에 4일 사용할 수 있었던 휴가를 내고 프로그램에 참여했다. 당시 회사의 전반적인 분위기로 볼 때, 누구도 나의 그런 행동을 이해하지 못할 것 같았다. 그래서 나는 아무에게도 말하지 못했다.

지금부터 자격증과 학위를 준비하라

내가 회사에 있을 때 영업본부에서 일하는 전체 직원은 400명 정도였다. 당시 영업본부는 현실적인 업무 강도가 무척 높았다. 그래서 업무 이외 시간을 활용하거나 개인 비용을 들여 사외의 교육 프로그램을 수강하거나 대학원 학위 과정을 밟는 직원은 찾아보기 힘들었다. 더 정확하게 말하자면, 내가 다니던 회사의 영업본부에서 나 외의 다른 직원 중 그런 투자를 하는 사람은 없었다.

하지만 앞서 말한 것처럼, 그 프로그램에 투자한 50만 원이 내 인생을 크게 바꾸었다. 그때의 투자를 바탕으로, 연봉 2천만 원도 안 되던 회사원에서 현재 억대 수입을 올리는 프로 컨설턴트가 되었으니 말이다.

변화는 두려운 것이고 균형을 깨뜨리는 요소의 하나일 수밖에 없다. 현실에 안주한다는 것, 그래서 껍질 안에 담겨 있는 것은 안정감을 주기에 많은 사람이 제자리에 있으려 한다. 당시 회사에서 나 말고 이러한 변화를 시도한 사람은 아무도 없었다. 내가 사회의 전반적인 분위기를 거스르며 그런 시도를 할 수 있었던 것은 조직에서 경험을 쌓는 시기에 단순히 내용 전문가로 머무는 데 만족하지 않았기 때문이다.

무언가를 얻기 위해서는 분명 희생이 따른다. 나는 전문적인 지식체계를 갖추기 위한 투자를 했다. 그 결과 개인적으로 엄청난 부가가치가 발생한 것이다. 고작 50만 원 투자로 지금 수십 배의 수입을 올리고 있으니, 얼마나 남는 투자인가.

현재 나는 경영 대학원에서 석사과정 마케팅 강의를 하고 있다. 마케팅 과정에 입과하는 학생 대부분이 직장이 있는 사람들이다. 더 놀라운 것은 그들 절반 이상이 30대의 젊은 학생이라는 점이다. 심지어 20대도 쉽게 찾아볼 수 있다.

직장생활 경험이 10년 미만인 젊은 직장인들이 직장생활과 학업을 병행하는 가장 큰 이유는 무엇일까? 그들은 왜 굳이 힘든 직장생활을 마친 후 휴식 대신 또 다른 도전을 할까?

이에 대한 내 생각은 이렇다. 그들은 앞으로 자신들이 거치게 될 사회적인 경험에 가치를 더해 미래의 프로 컨설턴트로 활동하려는 명확한 비전을 계획한 것이다.

이들에게 직장생활은 단순히 일에서 성과와 경험을 축적하는 수준에서 벗어나 있다. 효과적인 성과 창출을 위해 현재의 경험을 확고한 밑거름으로 구축하려는 것이다.

이들의 이런 시도는 큰 의미가 있다. 일에서 얻은 자신의 경험에 가치를 더하는 지식체계를 습득하기 위한 준비를 서둘러 하고 있는 것으로, 이는 미지의 시간인 미래에 대한 효율적인 대비의 한 방법이다.

변화의 시도에는 장애물이 따르기 마련이다. 그리고 어려움 없이 쉽게 얻는 것은 그만큼 쉽게 잃는 법이다. 열정적으로 생활하는 이들이 직면하게 되는 현실이 바로 그들이 넘어야 할 장애물이다. 직장을 다니면서 학위에 도전하는 일은 금전적인 부담과 시간적인 한계를 갖는다. 물론 이런 문제를 극복하고 자신이 원하는 전문 분야의 학업을 마치고 졸업까지 쉽게 도달하는 경우도 있다. 하지만 대부분 이렇게 어려운 길을 걸으며 수많은 문제와 한계에 부딪치게 된다. 그러므로 시도하려는 시점에서 내가 하려는 일의 목적을 분명히 해야 한다.

가장 먼저 자기 자신에게 이렇게 묻자.

'자신이 원하는 것이 학위를 따는 것인가?'

그게 아니라면 다음 질문을 해보자.

'미래에 대한 투자로써의 지식체계를 얻기 위한 것인가?'

이 두 가지 질문으로 자신의 목적을 명확히 하는 것이 중요하다. 목표나 목적이 분명하지 않으면 쉽게 지치고 이런저런 한계와 맞닥뜨리게 된다. 얼마간 시간이 지나면 방향을 잃고 표류하거나 포기하는 길로 들어서게 되는 것이다.

  목적을 명확하게 정한 다음으로는 자신에게 맞는 시간과 금전적 투자를 효율적으로 활용할 수 있는 경로를 찾아야 한다. 학위 자체를 위한 것과 프로 컨설턴트로서의 지식을 습득하는 것. 두 가지를 동시에 추구하다가는 하나도 제대로 잡지 못하는 경우가 많다. 그렇기에 너무 큰 욕심을 내는 것은 금물이다.

카페 창업 비용의 5%면 프로 컨설턴트가 될 수 있다

나는 기업에서 강의할 때면 참석한 수강생들에게 이런 질문을 자주 한다.

"현재 수입에 만족하십니까?"

대부분은 그렇지 않다고 대답한다. 그러면 나는 또 묻는다.

"더 많은 돈을 벌기를 원하십니까?"

이 질문에는 갓 입사한 신입사원이나 억대 연봉을 받는 경영진이나 하나같이 '그렇다'고 답한다. 하지만 내 질문은 여기서 끝이 아니다.

"직장생활을 하는 것과 자신의 사업을 하는 것 중 어느 쪽이 큰돈을 벌 가능성이 클까요?"

이번에는 모든 사람이 '자기 사업을 하는 편이 더 큰돈을 벌 가능성이 크다'고 답한다. 참 모순된 이야기가 아닌가. 돈을 더 벌고 싶고, 사업을 하는 편이 돈을 더 많이 벌 가능성이 크다면, 당연히 사업을 해야 하는 게 아닐까? 그런데도 왜 대부분은 사업이 아니라 직장생활을 하고 있는 걸까?

나는 이 지점에서 마지막 질문을 던진다.

"그렇다면 사업을 해서 돈을 더 벌어야 하는 거 아닐까요? 왜 직장생활을 계속하십니까?"

어떤 대답이 나올지는 이 책을 읽고 있는 독자들도 이미 예상했을 것이다.

대답은 '사업은 실패 위험이 있어서', '좋은 아이템을 찾지 못해서', '직장에서 더 많은 경험을 쌓기 위해서' 등 몇 가지 유형으로 나뉜다. 간혹 '아직 사업할 능력이 안 돼서'라고 답하는 사람도 있다.

이런 다양한 대답에도 불구하고, 정작 사람들이 자기 사업을 하지 않고 직장생활을 하는 정말 중요한 이유는 따로 있다. 바로, '돈' 때문이다. 자금이 부족하기 때문에 대부분은 사업을 시도조차 하지 않는 것이다. 실패 위험? 어지간히 날려도 괜찮을 정도의 자금이 있다면 실패의 위험 따위는 생각하지 않게 된다. 좋은 아이템? 돈이 돈을 버는 시대다. 돈만 충분하다면 남들 다 하는 아이템이라도 자금으로 승부할 수 있다. 직장에서의 경험? 사업할 능력? 직접 해보는 것만큼 경험을 쌓는 데 좋고 능력을 빨리 키울 수 있는 것은 없다. 한두 번 실패해도 끄떡없을 정도의 자금력이 있다면 직접 겪어보면 그만이다.

누구든 충분한 자금만 생긴다면 직장을 그만두고 임대업이든 투자업이든 자기 사업을 시작할 것이다. 하지만 사업하기에 충분한 자금을 만들기란 매우 어려운 일이다. 특히나 요즘처럼 50대만 돼도 직장생활을 이어가기 힘든 시대에는 더더욱 사업자금을 모으기 쉽지 않다. 그 정도 금액으로 비교적 손쉽게 시작할 수 있는 사업은 프랜차이즈 가맹점이나 작은 음식점 정도다.

이런 사업들도 초기 투자비용이 만만치 않다. 조그마한 카페 하나 운영하는 데에도 임대료와 인테리어 비용, 집기 구매 등을 포함한 초기 투자비용은 적게 잡아도 수천만 원이 든다. 유동인구가 많은 곳이라면 억대까지 올라가기도 해, 열심히 모은 돈과 퇴직금까지 끌어와도 부족한 경우가 많다. 직원을 고용하게 되면 투자비용은 더 늘어난다. 상황이 이러하니 대출을 받아 처음부터 빚을 진 채로 사업을 시작하기도 한다.

대부분 이렇게 많은 초기비용을 들이고 빚까지 져서 사업을 시작하지만, 그중 3년 이상 사업을 이어가는 곳이 절반에도 못 미친다는 조사 결과가 이어지고 있다. 가진 돈 전부에 대출까지 받아 시작한 사업을 3년 만에 접게 된다면 그 빚은 어떻게 할 것이고, 그 이후의 삶은 어떻게 할 것인가. 바로 이 부분이 사람들로 하여금 쉽게 사업을 시작하지 못하도록 한다.

다시 말하면, 이런 위험만 없다면 누구든 사업을 시작해볼 만하다는 것이다. 초기 자금이 거의 들지 않는 사업, 그래서 빚을 지고 시작할 필요가 없는 사업, 절대 망하지 않는 사업, 잠시 접었다가도 언제든 다시 시작할 수 있는 사업, 프랜차이즈보다 쉽게 시작할 수 있고 어지간한 음식점이나 매장은 비교할 수도 없을 정도로 수익률이 높은 사업. 그런 사업이 있다면 누구든 해보지 않겠는가.

세상에 그런 사업이 어디 있느냐고 하겠지만, 나는 그런 사업을 알고 있다. 바로, 프로 컨설턴트다.

언뜻 말도 안 되는 것 같겠지만, 프로 컨설턴트는 자금이 거의 들지 않는다. 어떻게 그런 일이 가능할까?

프로 컨설턴트가 수익을 내는 구조를 먼저 살펴볼 필요가 있다.

경험에 지식을 더해 가치를 제공하고 보수를 받는 시스템이다. 이미 가지고 있는 경험에다 필요한 지식체계만 갖춘다면 그 이상의 가치를 제공할 수 있다. 특별한 설비를 갖추거나 장비를 구비할 필요가 없으니 요구되는 자금도 거의 없다. 돈이 드는 곳이라고는 지식체계를 익히고 구축하기 위해 책을 구매하거나 강의를 듣는 비용, 사무실 임대료와 노트북 구매비용 정도이다. 사무실은 넓을 필요도 없고 유동인구가 많은 곳일 필요도 없다. 카페나 식당을 차릴 때와 비교 해봐도 임대료가 훨씬 적다. 이런 비용을 모두 합쳐도 일반적인 창업비용의 5%를 넘지 않는다.

이렇게 적은 돈으로 시작할 수 있는 사업이라면, 성공 여부를 미뤄두고 한번 시작해볼 만하지 않겠는가.

프로 컨설턴트가
되는 방법들

프로 컨설턴트로 활동하는 방법에는 어떤 것들이 있는가.

이는 크게 세 가지로 구분된다. 대표적으로 컨설팅 기관에 소속되는 것, 중소기업청에서 발급하는 경영지도사 자격증을 취득하는 것, 독립적으로 활동하는 것 등의 방법을 들 수 있다. 또한 교육기관이나 컨설팅 기관에서 컨설턴트 양성 과정을 이수하는 방법도 있다. 각각에 대해 간략하게 살펴보면 다음과 같다.

첫째, 컨설팅 기관에 소속되어 활동한다. 이는 가장 많은 컨설턴트들이 활용하는 방법으로, 국내외 컨설팅 기관에 개설된 과정을 이수한 후 소속되어 활동하는 것이다. 이러한 컨설팅 기관들은 전문 분야와 규모에 따라 지급하는 비용과 모집 인원에 큰 차이가 있다.

일반적으로 우리 주변에서 가장 많이 볼 수 있는 프로 컨설턴트들이 이런 컨설팅 기관에 소속되어 활동한다. 이는 개인이 컨설팅 경력을 쌓는 가장 보편적인 방법이기도 하다.

둘째, 중소기업청에서 발급하는 경영지도사 자격증 취득한다. 경영지도사 자격증 시험은 매년 1회 실시되며, 1차 시험과 2차 시험으로 나뉘어 있다. 자격시험의 난이도는 점차로 높아지는 추세이며, 자격증은 재무관리, 인사관리, 생산관리, 마케팅의 네 가지 유형으로 구분된다.

경영지도사 자격증을 취득하면 정부에서 실시하는 중소기업 지원 사업에 경영컨설턴트로 활동할 수 있는 자격이 주어진다. 이를 바탕으로 경영지도사 협회에서 실시하는 컨설팅 관련 교육과 보수 교육을 받을 수 있다.

셋째, 독립적으로 활동한다. 프로 컨설턴트로 활동하는 세 번째 방법은, 자신의 경력을 활용하여 독립적으로 활동하는 것이다. 과거 자신이 속해 있던 회사나 조직에서 쌓은 전문적인 경험을 컨설팅 프로젝트를 수행하는 데 있어 전반적인 자산으로 활용한다. 이 경우에는 컨설팅 사업자 등록을 해서 법인을 차린 후 세무 처리를 하거나, 개인사업자로 원천징수를 통해 수입을 정리한다.

교육 기관이나 컨설팅 기관에서 컨설턴트 양성 과정을 운영하는 경우도 있다. 짧게는 2일이나 3일 과정, 길게는 1년이나 2년 과정으로 운영되기도 한다. 하지만 이런 교육 과정들의 특징은 가장 일반적이고 보편적인 컨설팅 스킬만 가르친다는 것이다. 또한 이러한 과정을 이수했다고 해서 바로 프로 컨설턴트로 활동할 수 있는 것이 아니다. 설령 활동이 가능하다 해도 이 방법에는 많은 어려움이 따른다.

이 외에도 자신의 능력에 따라 프로 컨설턴트로 활동할 수 있는 방법은 여러 가지가 있지만, 위에서 제시한 세 가지의 큰 분류가 가장 대표적이라 할 수 있다.

프로가 되려면 자신의 역량을 키워라

프로 컨설턴트로 활동하는 데 가장 중요한 기준은 자신이 가지고 있는 경험이나 지식을 통해 고객에게 가치를 제공할 수 있는지 여부이다. 만약 그럴 수 있다면 학력이나 나이는 그리 중요하지 않다.

그러한 역량을 갖추지 못했다면 역량을 키워야 한다. 이 방법은 분야에 따라 조금씩 다르지만, 대략 1년 이상의 시간을 필요로 한다.

특히 현재 직장생활을 하면서 나중에 프로 컨설턴트로 활동하려는 생각이 있거나, 투잡으로 프로 컨설턴트를 계획하는 경우 충분한 시간을 두고 준비해야 한다.

내 경우에는 직장생활을 하는 동안 기업에서 내가 진행했던 마케팅과 영업 분야 강의 및 컨설팅 전반에 대해 약 3년 정도 준비했다. 3년은 짧은 시간은 아니지만 충분한 시간이라고는 생각하지 않기에 지금도 많은 노력을 하고 있다. 물론 어느 정도 준비해야 충분한가 하는 점에서는 조금씩 의견이 다를 수 있지만, 가장 중요한 기준은 '내가 고객들에게 가치를 제공할 수 있는가'이다.

프로 컨설턴트를 퇴직 이후의 직업으로 생각하거나, 이직을 위한 절대적인 방편으로 생각한다면 더욱 많은 준비가 필요하다. 이때는 프로 컨설턴트가 본업이 되어야 하기 때문이다. 이런 경우에는 경쟁자 또는 경쟁 기관들과 시장에서 치열한 경쟁을 할 수밖에 없다.

물론 기존의 직업을 유지하면서 투잡으로 프로 컨설턴트로서 활동할 수도 있다. 이를 위해서도 준비가 필요하지만, 전업으로 할 때와는 조금 차이가 있다.

전업 컨설턴트로 활동하기를 희망하는 사람들이 가장 중요하게 생각해야 할 것은, 컨설팅 시장에서 프로 컨설턴트로서 오랫동안 활동할 수 있는 방법을 찾아야 한다는 것이다. 이것은 바로 경험에 지식체계를 더하는 자기만의 노하우와 노력들로 자신의 무기, 즉 역량을 키우는 일이다.

컨설턴트의 실질적인 활동

컨설팅이라는 것은 여타의 교육이나 코칭과는 본질적으로 다르다.

프로 컨설턴트는 프로젝트를 통해 실질적인 결과를 자신이 직접 도출하거나 고객사 직원들과 함께 만들어내야 한다. 단순히 지식을 전달하거나 방법론을 제시하는 것이 아니라, 실질적인 결과물을 가시적으로 만들어내야 하는 것이다.

나는 프로 컨설턴트의 활동을 설명할 때, 의사가 환자를 수술하는 행위에 자주 비유한다. 환자가 자신의 모든 것을 맡기고 수술대에 올라가는 것은 의사에 대한 믿음이 있기 때문이다. 이와 마찬가지로 기업이 프로 컨설턴트에게 프로젝트를 맡기는 일은 기본적으로 프로 컨설턴트에 대한 믿음에서 시작된다.

만약 의사가 수술한 뒤에도 환자의 병에 차도가 없다면 이는 매우 어려운 상황이라 볼 수 있다. 프로 컨설턴트의 컨설팅도 이와 같다. 프로젝트를 진행했는데 고객의 비즈니스에 차도가 없다면, 그것은 전반적인 것들이 어려운 상황에 처하게 된다는 말이다.

프로 컨설턴트는 고객의 비즈니스에 대해 새로운 가치를 만들어내기 위해 필요한 모든 자료를 고객에게 요구해야 한다. 그리고 고객이 어떠한 자료를 제공할 수 있는지에 관해서도 고객과 미팅을 통해 조율한다. 이 과정에서 전체적인 자료들을 확인하고 빠짐없이 찾아내 분석한 후 문제 해결 방안을 제시한다. 이때의 자료를 2차 자료라 하는데, 컨설팅에서 2차 자료의 중요성은 아무리 강조해도 지나치지 않다.

개인 컨설턴트와 조직에 속한 컨설턴트의 차이점

개인 컨설턴트는 연 수입 기준으로 대략 3천만 원에서 1억 원 정도의 수입을 올린다. 물론 산업이나 전문성에 따른 편차는 훨씬 더 크다. 경영 컨설팅을 진행하며 가장 많은 수입을 올리는 전문가들은 시장에서 상위 1%에 해당하는 컨설턴트들이다. 이들의 수입은 수억 원에서 십억 원을 넘어서기도 한다. 그만큼 능력이 뛰어난 이들은 진정한 프로 컨설턴트들이라 할 수 있다.

조직에 속한 컨설턴트들의 경우 일반 기업에서 받는 보수보다 평균 20% 정도 높은 연봉을 받고 있다. 그러나 업무 강도는 일반 기업보다 30% 이상 높을 것이다.

중요한 것은 조직에 속한 컨설턴트 대부분이 자신의 경력을 확보하면 독립을 한다는 점이다. 이러한 현상은 일반 직장과 다른 특징 중 하나이다.

조직에 속한 컨설턴트들의 또 다른 특징은 이직률이 굉장히 높다는 것이다. 이는 자신의 전문 분야나 프로젝트에 따라 조직을 결정하기 때문이다. 그러나 컨설턴트들에게 가장 우선시되는 것은 회사가 아니라 전문성이다. 어떤 분야에 관해 어느 정도의 전문적 지식을 갖추었는가, 그리고 그것이 얼마만큼 체계적이고 독보적인가에 따라 컨설턴트의 활동 영역도 달라진다.

컨설턴트가 되고 싶은 사람들에게 나는 밀란 쿠버의 〈경영 컨설팅〉이라는 책을 강력히 추천한다. 이 책은 프로 컨설턴트를 꿈꾸는 사람이라면 누구나 읽어야 하는 필독서라 할 수 있다.

미리 정해진 컨설팅이 없듯, 컨설턴트에게도 정해진 자료나 책은 없다. 자신의 전문 분야에 따라 모두 다르다고 할 수 있다. 또 자신이 컨설팅을 진행하는 수준에 맞춰 각각 다른 서적이나 자료들이 적용된다. 자신에게 맞는 책은 시중에서 쉽게 접할 수 있지만 전문 분야에 관한 책은 구하기가 쉽지 않다. 따라서 실제 컨설팅을 진행하는 경우에는 수집된 2차 자료나 분석에 의존하는 경우가 더 많다.

여기서 말하는 2차 자료는 다른 프로 컨설턴트들이 수행한 프로젝트의 보고서 또는 관련 연구소나 기관에서 발행하는 정기 간행물 그리고 통계자료들이다. 그러나 프로 컨설턴트가 되려면 이것에만 의존해서는 안 된다. 컨설턴트로서 다른 사람들과 구별될 수 있는 변별적인 자료, 즉 자기만의 노하우와 자산을 갖추려 노력해야 하는 것이다.

누구나
프로 컨설턴트가
될 수 있다

**PROFESSIONAL
CONSULTANT**

지금 하는 일에 집중하면
답이 보인다

프로 컨설턴트로 활동하는 데 나이나 경험의 많고 적음은 그다지 중요하지 않다. 단지 자신의 분야에서 남다른 전문성을 가지고 있느냐 하는 것이 중요하다. 프로 컨설턴트는 모든 것을 전부 다 할 수는 없다. 하지만 '할 수 있다'는 강한 자신감을 가지는 것은 중요하다. 이러한 자신감은 프로 컨설턴트의 강력한 무기가 되기도 한다.

최근 나와 함께 프로젝트를 하는 K컨설턴트는 33세의 젊은 나이에도 불구하고 자신이 참여하는 프로젝트에서 놀라운 성과를 올리고 있다. 비록 직장에서의 경험은 짧지만 자신이 할 수 있는 영역에 집중한다. 또 학생 시절에 관심을 가졌던 컴퓨터 프로그램과 관련된 부분은 최대한 활용한다.

프로젝트를 진행하면서 프로젝트 팀의 멤버들이 소프트웨어상의 문제로 어려움을 겪으면 그냥 넘어가는 법이 없다. 다른 컨설턴트들이 소프트웨어나 IT 기기에 대해 도움을 청하면 거의 모든 문제를 해결해준다.

심지어 자신이 모르는 문제인 경우에도 회피하지 않고 어떻게든 해결 방법을 찾는다. 때문에 K컨설턴트와 함께 프로젝트를 하는 대부분의 컨설턴트들은 소프트웨어나 IT 기기에 문제가 생기면 당연히 그에게 의존할 수밖에 없다.

컨설팅의 세계는 시간과 치열하게 싸워야 하는 곳이다. 또 대부분 그 분야의 전문가들이 모여 일을 하는 곳이기에 자신의 영역에 대한 책임감이 중요시된다. 이러다 보니 대부분의 프로 컨설턴트들은 자신의 성과를 최대화하기 위해 많은 노력을 한다.

프로 컨설턴트들은 집약적으로 일하기 때문에 누군가에게 도움을 청하거나 다른 사람들의 문제점에 깊이 관여하는 일이 드물다. 그런 일들로 자신의 시간을 보내는 것을 굉장히 터부시하는 게 현실이다. 이렇게 냉정한 조직에서 보여준 K컨설턴트의 노력은 다른 컨설턴트들의 관심을 끌기에 충분했다.

이 노력의 결과로 K컨설턴트는 프로젝트 구성원들 중 가장 나이가 어리고 경험이 적음에도, 팀에서 가장 활발하게 활동을 하고 있다. 모든 컨설턴트들이 K컨설턴트와 같이 프로젝트하기를 원한다. K컨설턴트의 경우 컨설팅 시장에 처음으로 들어오는 신입 컨설턴트들이 치열한 컨설팅 시장에서 어떻게 행동해야 하는지를 잘 보여주는 모범사례이다.

컨설턴트로서 경험이 많지 않은 단점을 기존에 자신이 가졌던 전문성으로 커버함으로써, 프로젝트를 함께 수행하는 다른 프로 컨설턴트들에게 부담이 아니라 오히려 큰 도움이 된다. 이는 아주 좋은 사례라 할 수 있다.

다른 일에서도 마찬가지지만 프로젝트를 수행하는 프로 컨설턴트들에게는 자신의 일에 대해 접근하는 자세가 중요하다.

다시 말해 시장에서 전문가로 활동하는 컨설턴트는 모든 일에서 주도적인 자세가 필요하다. 이를 위해서는 자신이 가지고 있는 경험과 지식체계를 기반으로, 고객이 요구하는 모든 일에서 새로운 가치를 창출하려 적극적으로 노력하는 자세가 되어야 한다. 만약 프로 컨설턴트가 자기에게 주어진 일에 대해 소극적으로 접근하거나 다른 컨설턴트들의 노력에 의지하는 태도를 보인다면, 그 프로젝트에서는 많은 시간을 들이더라도 좋은 결과를 얻어내지 못하게 된다.

때문에 프로 컨설턴트는 주어진 일에서 적극적인 자세로 일의 핵심에 파고들어야 한다. 자기 스스로 그 일에 대한 해답을 찾아내고야 말겠다는 의지가 가장 중요한 것이다.

앞에서 말한 K컨설턴트의 경우 다른 컨설턴트들이 자신에게 일을 시키거나 부탁하기 전에 스스로 생각하고 판단한다. 그의 큰 장점은 이렇게 적극적으로 일을 찾아서 한다는 것이다.

이러한 점은 컨설턴트들의 수입 구조에도 중요한 요인으로 작용한다. 다른 직장인들과 다르게 컨설턴트들의 수입은 프로젝트 베이스로 결정된다. 때문에 초보 컨설턴트라 해서 배려해주거나 다른 사람들이 일을 챙겨주는 경우가 거의 없다. 어떤 상황에도 컨설턴트로서 많은 프로젝트에 참여하는 것이 자신의 수입을 높일 수 있는 유일한 방법이다.

K컨설턴트는 자신의 경험이 부족함에도 모든 일에 적극적으로 참여하다 보니 당연히 수입도 늘어났다. 또한, 많은 프로젝트들에 참여하면서 단기간에 다른 사람들보다 많은 경험을 함으로써 부족했던 경험도 보완할 수 있었다. 지금은 자신의 분야에서 더 오래 일을 한 컨설턴트들보다 많은 수입을 올리는 가장 유능한 컨설턴트로 활동하고 있다.

경험이야말로
가장 확실한 준비

조직에서 준비한다

최근 우리 사무실에 대학생들이 자원하는 일이 많아졌다.

그들은 무급으로 업무를 수행하는 것에 관해 문의를 해오기도 한다. 개인이 아니라 대학에서도 같은 문의를 많이 받는다. 이전에는 졸업생들이나 재학생들이 인턴 제도를 통해 사무실에서 직장생활을 미리 경험하기도 했다.

근래에는 이에 대한 경쟁도 치열해지기 시작했다. 이제는 아예 회사 내에 자리만 만들어주면 보수도 받지 않고 일을 하려는 추세이다. 이는 취직이나 인턴 활동을 통해 직장생활을 경험해볼 기회가 거의 없는 현재 사회 현실을 반영하는 것이라 볼 수 있다.

나는 이와 같은 현상들을 접하며 개인이 직장에서 얻은 경험이 얼마나 중요한지를 깨달았다. 그 경험을 돈으로 환산한다면 엄청난 부가가치가 있다. 이 부가가치를 그냥 낭비해서는 안 된다. 여기에 체계적인 지식을 더하는 작업을 평소에 꾸준히 한다면 그 가치는 더욱 높아진다. 이는 자신만의 비즈니스적 전략으로 발전시킬 수 있는 좋은 토양이 될 수 있다.

회사 조직에서 일하는 것은 일단 안정적인 생활을 한다는 점에서 매력적이다. 또한, 개인적인 비용을 들이지 않고 많은 경험을 할 수도 있다. 이러한 강점을 충분히 활용하기 위해서는 추가적인 노력이 필요하다. 이런 노력을 한다면 자신의 비즈니스에 대한 성공 확률이 두 배가 되는 것은 물론이다. 이 또한 프로 컨설턴트로 활동하는 데 중요한 자산이 된다.

나는 프로 컨설턴트로 활동하면서 같은 기업에서 일했던 후배 직원을 컨설턴트의 길로 안내한 경험이 있다. 그 후배의 경우에는 기업에서 영업 업무와 마케팅 업무를 같이 수행한 경험이 있는 사람이었다. 그가 가진 경험이 프로젝트를 수행하는 데 필요했기에 나는 그와 함께 프로젝트를 진행하게 됐다.

그는 프로젝트에 합류해 일을 하면서 기업에서 경험했던 마케터로서의 경험을 충분히 발휘했다. 예상대로 그가 가진 능력은 큰 장점이 되었고 많은 가치를 만들어냈다. 고객들 또한 상당히 만족스러워했다. 고객들은 자신의 기업에서 고민했던 문제들을 다른 기업의 똑같은 사례로 좀 더 폭넓게 해결방안을 고민할 수 있었다. 게다가 그는 문제에 대한 해결책까지 명확하게 제시함으로써 해당 기업에 보다 유용한 가치를 제공할 수 있었다.

그가 프로 컨설턴트가 될 수 있었던 것은 회사에서 자신의 일에 대해 철저히 성과를 관리했기 때문이다.

회사라는 조직은 혼자가 아니라 동료들과 함께 움직인다는 특성이 있다. 조직원들은 하나의 목표를 가지고 함께 일하거나 외부의 기관과도 같이 일을 하는 경우가 많다. 이때 동료들이나 외부 기관 사람들이 자신을 어떻게 평가하는지가 중요한 요소가 된다. 또한, 일을 통해 어떤 성과를 냈는가에 대해 다른 사람들에게 평가되기도 한다. 이는 프로 컨설턴트의 영역에서도 매우 중대한 사안이다. 현재 자신이 하고 있는 일을 제대로 관리할 수 있는 사람만이 프로 컨설턴트의 시장에서도 경쟁력을 갖추고 활동할 수 있기 때문이다.

같은 회사에서 일했던 동료들은 결국 그 조직에서 흩어져도 다시 다른 장소에서 만나거나 비슷한 일을 하는 경우가 많다. 그렇기에 지금 하는 일들을 어떻게 관리하고 다져나가는지가 프로 컨설턴트로 활동할 수 있는 기회를 만드는 데 중요한 요소가 된다.

지금 그 자리에서
준비하라

프로 컨설턴트로 활동하기 위해 반드시 거쳐야 하는 단계가 있다.

우선은 다른 컨설턴트들과 함께 프로젝트를 수행함으로써 자신의 경력을 축적하는 것이다. 물론 이 경우 외부에서 진행하는 것이 필요하지만, 때에 따라서는 조직에서 일하며 수행했던 업무가 프로 컨설턴트의 수행 경력으로 활용되는 경우도 많다.

나는 기업에 있을 때 주로 유통기업 구매자와 상담하는 일을 했다. 그 상담의 결과가 영업 현장에서 우리 제품을 판매하는 영업사원들에게 매우 중요한 정보가 되었다.

당시 나는 중요한 정보를 정확하게 전달하기 위해 노력하는 편이었다. 그래서 직접 전국의 영업 부서를 방문해 전체 직원들을 모아놓고 강의를 하는 경우가 많았다. 이렇게 사내에서 진행했던 영업 강의가 프로 컨설턴트가 된 지금도 많은 기업들을 대상으로 강의할 때 도움이 된다. 이렇듯, 지난 시간 회사에서 사내강사로 활동했던 경험은 내가 프로 킨실턴트로 활동하는 데 정말로 큰 도움이 되고 있다. 또한, 그 경험의 중요성을 다시 절감하는 순간이 많다.

어떤 일에 대해 단순히 알고 있는 것과, 그 아는 것을 다른 사람들에게 가르치는 것에는 큰 차이가 있다. 가르치는 것의 속성은 전달에 있다. 전달은 명확해야 한다는 전제를 지닌다. 그렇지 않으면 전달받는 상대는 그것이 정확하게 무엇인지 알 수 없어 허공을 헤매게 된다.

분명 알고 있는 것이라도 구체화된 말로 설명하기란 쉽지 않다. 이는 누구나 마찬가지일 것이다. 머릿속에는 하나의 상으로 맴돌지만 그것에 관한 정보들이 명확한 문장이 되어 밖으로 나오는 과정은 실로 보통 일이 아니다. 대부분 사람들이 아는 것을 다른 사람에게 가르치는 일을 어려워하는 이유도 여기에 있다. 알고 있는 것을 가르치는 데에도 반드시 기술이 필요하기 때문이다. 하지만 다른 사람들을 가르치는 기술은 단기간에 습득할 수 있는 영역이 아니다.

다른 사람을 가르치는 기술을 몸에 익히는 데는 많은 경험이 필요하다. 항상 전쟁터와 같은 컨설팅 시장에서 프로답지 않은 강의를 하는 것은 매우 위험한 일이다. 이런 이유로 대부분의 컨설턴트들은 다른 컨설턴트들의 강의에 보조강사로 들어가기도 한다. 그렇게 해서라도 자신의 가르치는 기술을 향상하려고 노력하는 것이다.

프로 컨설턴트의 세계는 냉정하다. 물론 '프로'라는 말이 붙는 모든 영역이 이와 다르지 않을 것이다. 프로가 붙는다는 것은 그만큼 감당하고 견디며 책임져야 한다는 뜻을 포함하기도 한다.

한 번 일한 결과가 고객이 원하는 수준의 성과를 만들지 못하면, 고객은 다시는 그 컨설턴트와 일하지 않는다. 이 세계에서는 한 번의 실수가 모든 것을 결정할 수도 있다. 그래서 프로 컨설턴트는 항상 자신이 한 일의 결과에 대해 책임지는 자세를 갖춰야 한다.

고객은 항상 당장의 결과를 원한다. 이때 굳이 비용을 들여 프로 컨설턴트의 경험을 사는 이유는 두 가지로 제시할 수 있다.

첫째, 자신이 그 일을 해결할 수 없는 경우. 둘째, 그 일을 해결할 수 있는 시간이 없는 경우.

두 가지 경우 모두 고객은 오랜 시간 기다려주지는 않는다. 이는 고객의 문제가 아니라 컨설팅이라는 특수한 시장의 문제다.

시장에서는 계속해서 경쟁이 발생한다. 그 경쟁을 통해 지속적으로 성과를 창출해야만 고객의 비즈니스가 계속될 수 있다. 이러한 이유로 고객은 더 빨리, 더 정확한 해결안을 요구할 수밖에 없다. 이 상황에서 고객을 상대로 연습을 하거나 확신이 없는 프로젝트를 진행하는 것은 불가능하고 무책임한 행동이다.

때문에 많은 기업이 프로젝트를 의뢰할 때 그 컨설턴트가 어떤 일을 했는지에 관한 수행 경력을 반드시 체크한다. 그래서 프로 컨설턴트로 활동하기 위해서는 가급적 많은 수행 경력을 쌓아야 한다. 가장 좋은 것은 지금 하고 있는 일에서 그 경험을 쌓는 것이다. 그러나 이러한 조건이 되지 않는 경우에는 스스로 기회를 만들어 경험해보려고 노력해야 한다.

누구나 처음부터 높은 수입을 올리는 프로 컨설턴트가 될 수는 없다. 그 수준까지 올라가려면 거쳐야 하는 단계가 바로 수행 경력을 쌓는 일이다. 이런 이유로 프로 컨설턴트가 되려는 사람들이 무료로, 심지어는 자신의 비용을 들여 관련 업무를 수행하고 그를 통해 수행 경력을 쌓기도 하는 것이다.

노하우는 축적된다

내가 컨설팅 업무를 처음 시작할 때였다. 동료 컨설턴트는 내가 직장생활을 하면서 어떤 일을 했는지에 대해 상당한 관심을 보였다. 처음에는 동료 컨설턴트들의 이런 관심이 좀 어색하게 느껴졌다. 당시의 나도 컨설팅 업무에 대한 명확한 이해가 없었던 것이다.

나는 다른 컨설턴트들에게 내가 기업에서 수행했던 업무에 대해 가능한 한 자세히 설명했다. 그때 나는 영업 관련 프로젝트를, 다른 2개 회사의 8명의 컨설턴트와 함께 수행하고 있었다. 이들과 같이 프로젝트를 진행하는 데 있어 직장에서 쌓았던 내 경험이 매우 중요했다. 이는 소속된 프로젝트 팀에서 다른 팀원들에게 내가 전 직장에서 어떤 일을 했는지 명확하게 설명함으로써, 업무를 다른 컨설턴트들과 나누는 데 중요한 부분이 되었다.

그 후 나는 내 이력을 차분하게 정리했다. 전 직장에서는 대형 유통업체의 본부 구매자들과 거래를 하는 비즈니스를 했다는 것, 특히 국내 유통체인점 본사와의 비즈니스에서 많은 성과를 내어 그 조직의 관리자로 승진했다는 것, 승진한 뒤에는 6년 동안 지점을 맡아 관리하는 업무를 수행했다는 것까지.

내 이력에 관한 설명을 들은 동료 컨설턴트 하나가 이의를 제기했다. 관리자가 지점원들과 함께 같은 경로를 담당하면서 동일한 업무를 6년간 했다는 점에 초점을 맞췄다. 연초에 부여된 연간 목표로 사업계획을 세우고, 그 결과로 평가를 받는 동일한 일을 6번 한 것이기 때문에 6년의 경험으로 인정되지 않는다는 것이었다. 즉, 동일한 일을 6번 반복했다는 것은 그 일을 1년만 진행한 것과 별다른 차이가 없다는 주장이었다.

이처럼 기업에서는 수행하는 업무의 동질성이 많기 때문에, 같은 업무를 오랫동안 반복해 진행하는 경우 경력은 쌓일지 몰라도 그러한 경력이 실질적으로 어떠한 문제를 해결하는 데는 제한적으로 적용되는 일도 있다. 하지만 컨설팅의 경우 수행하는 프로젝트마다 경력이 인정된다. 각기 다른 고객과 진행한 프로젝트에 적용되는 산업이 다르기 때문이다. 물론 그에 따른 주변 환경들도 다르다. 즉, 수행하는 프로젝트 하나하나가 모두 다르게 적용되고 인정되는 소중한 경험으로 평가받는 것이다.

컨설턴트에게는 문제를 구조화한 뒤 체계적으로 문서화하는 능력도 중요하다. 이러한 능력을 타고나는 컨설턴트들도 있지만, 이는 아주 극소수일 뿐이다. 대부분의 컨설턴트들은 자신들이 수행하는 컨설팅을 통해 이러한 능력을 습득하게 된다.

컨설턴트들은 프로젝트의 수행을 통해 돈도 벌지만, 부가적으로 그 경험이 축적되는 효과를 같이 얻게 된다. 프로젝트 경험이 쌓이면 또 다른 프로젝트를 수행하는 데 매우 유리한 입장에 설 수 있다. 자신의 경험을 바탕으로 더 빠른 시간에 더 많은 고객의 요구를 해결할 수 있다. 따라서 프로젝트를 통해 얻은 경험은 컨설턴트에게 아주 귀중한 자산이다.

나는 지난 10년간 프로 컨설턴트로 활동하면서 40여 개의 프로젝트를 성공리에 수행했다. 프로젝트 리더가 되어 진행했던 이 프로젝트들은 나에게 가장 중요한 자산이다. 그래서 나는 프로젝트 수행 이력을 항상 고객들에게 제시한다. 이는 당연히 고객들의 무한한 신뢰로 이어진다.

⑤ 가장 확실한 투자

지금 대한민국은 모든 세대가 일자리 문제로 불안해하고 있다 해도 과언이 아니다. 한국전쟁 직후부터 1963년까지의 기간에 태어난 50대 베이비부머 세대들은 은퇴와 관련해 새로운 일자리를 마련하려 노력한다. 그 아래 40대들은 지금까지 직장에서 열심히 일하면서 생활했는데 갑자기 명예퇴직, 구조조정 등의 이유로 직장 밖으로 내몰리는 실정이다. 30대는 직장 내에서 상사인 40대의 모습을 보고 지금부터 무언가를 준비해야 한다는 심리적 압박을 느낀다. 20대는 해가 갈수록 높아지기만 하는 취업의 문턱을 넘지 못해 안간힘을 쓰고 있다.

나는 이렇게 불안한 시기일수록 가장 확실한 길을 찾는 것이 중요하다고 생각한다. 내 직업과 그에 관한 경험으로 비추어 볼 때, 무엇보다 가장 확실한 투자는 자신의 경험에 투자하는 것이다. 이런 투자를 통해 다른 사람들과 완전히 차별화될 수만 있다면, 자신만의 비즈니스 영역을 구축할 수 있다. 그런 의미에서, 차별화를 통해 비즈니스 영역을 구축한 프로 컨설턴트야말로 가장 적은 비용으로 자기 사업을 할 수 있는 직업이라 할 수 있다.

프로 컨설턴트가 활동하는 시장은 매우 역동적으로 살아 움직이는 곳이다. 항상 새로운 정보가 생성되고, 소비되며, 이동하면서 그에 따른 결과로 많은 가치를 창출해낸다. 이러한 시장에서 활동하는 것은 매일 자신에게 필요한 자산을 쌓아가는 것과 같다. 그것도 고객들에게 돈을 받아가면서 자신만의 자산을 쌓아 가는 것은 정말 멋진 일이다.

프로 컨설턴트에게 지금 하고 있는 일은 경험을 축적해가며 미래의 사업을 준비하는 가장 확실한 투자의 하나로 볼 수 있다. 특히 자신의 경험을 바탕으로 해서 다른 사람들이 쉽게 따라 할 수 없는 나만의 강력한 경쟁력을 가질 수 있다. 만약 지금 하고 있는 일을 통해 나중에 프로 컨설턴트로 활동하고자 한다면, 필요한 지식체계를 구축하는 데 필요한 약간의 비용을 투자하면 된다. 그럼으로써 영구적으로 자신만의 사업을 운영할 수 있는 독자적인 영역을 만들 수 있다.

미래에 대한 대안으로 지금부터 자신의 업무적인 경험에 지식을 더하기 위한 체계적인 계획을 세워라. 또한, 이에 대해 합리적인 수준에서 비용을 투자한다면 월 1천만 원의 수익을 올리는 1인 기업, 프로 컨설턴트가 될 수 있다.

경험의 상품화

내가 대학을 졸업하고 취업할 때의 사회 풍조는 기업에 들어가 일하는 것이 너무나 당연하게 여겨졌다. 한 우물만 파는 것이 미덕이었으므로 한 직장에 들어가 오랫동안 근속하며 살아갔다. 다른 곳으로 눈을 돌리는 것은 위험한 모험쯤으로 여기던 시기였다.

지금은 상황이 다르다. 예전과 비교해 많은 것들이 변했다. 지금은 하고자 하는 일에 관해 경험이 있다면 누구나 자신의 사업을 시작할 수 있다. 나는 이것이 지식과 정보의 발달에 의해 이루어진 현상이라고 생각한다.

지식산업이 급속하게 성장했고, 우리 주변에서 지식은 정말로 쉽게 습득할 수 있다. 눈을 돌리는 곳마다 정보가 넘쳐난다. 알고 싶지 않아도 사방에서 정보들이 저절로 밀려오거나 날아들기도 한다. 그만큼 정보 습득이 쉬운 시대다. 하지만 이러한 지식을 습득한다고 해서 당장 돈이 되는 것은 아니다. 누구나 쉽게 지식을 찾고 접근할 수 있지만 그 지식이 너무나 빠르게 변화하기 때문이다. 단순히 지식을 찾고 습득한 후, 그 지식을 토대로 그것을 상품화하는 것은 이제 불가능한 시대가 되었다.

산업사회가 도래하면서 농경산업에 종사했던 사람들의 부가가치는 급격하게 떨어졌다. 그만큼 농경산업 종사자의 숫자도 줄어들었다. 그 뒤로 이어진 정보화사회의 도래로 산업사회의 블루칼라들의 경쟁력이 급속하게 감소했다. 기술이 노동자들의 역할을 빠르게 대체하게 되면서 그들도 숫자가 빠르게 줄어든 것이다.

이렇게 사라지고 밀려나는 위기의 파도를 피해갈 수 있는 사람은 아무도 없다. 지금 현대사회에서는 화이트칼라의 위기가 도래하고 있다. 이제는 지식이 보편화되면서 인공지능과 정보통신이 빠르게 화이트칼라의 영역을 대체하고 있기 때문이다.

또한, 예전에 비해 더 적은 비용으로 더 많은 정보를 얻을 수 있게 됐다. 지금 중요한 것은 지식을 많이 습득하는 것이 아니다. 빠르게 변화하는 지식의 홍수 속에서 새로운 지식을 산업에 접목시킬 수 있는 능력을 가진 사람이 큰돈을 버는 사회가 된 것이다.

이제는 단순히 새로운 지식을 습득하는 것은 별 의미가 없다. 새로운 지식에 자신의 경험을 접목해서 현장에서 발생하는 문제를 해결하거나 고객이 요구하는 수준의 가치를 만들어줄 수 있어야 한다. 프로 컨설턴트는 자신의 경험에 지식체계를 더할 수 있는 사람들로, 고객이 요구하는 수준의 가치를 제공하기에 가장 최적화된 사람들이다.

내가 1993년 처음으로 직장생활을 시작할 때 받았던 월급은 실수령액 기준 70만 원 정도였다. 물론 그동안의 물가 상승률을 감안하더라도 매우 낮았던 것이 사실이다.

직장에서 연봉은 속해 있는 산업마다 차이가 심하다. 평균적으로 연봉이 높은 산업군은 금융, 전자, 자동차 등이다. 반대로 유통과 식품 산업은 연봉이 낮은 산업군에 해당된다.

사실 처음 회사에 취직할 때는 이러한 부분에 많은 관심을 기울이지 못한다. 하지만 직장에서 오래 생활하다 보면 자신이 속해 있는 산업군의 평균연봉이 낮은 경우에는 정말 신경이 쓰일 수밖에 없다. 특히 친한 친구들과의 만남에서 연봉 이야기가 나오면 마음이 상하기도 한다. 그럼에도 한 번 결정된 사업에 관련되어 있으면서 동시에 다른 사업을 넘나들기는 거의 불가능하다. 그래서 스스로 체념하고 살아가기 마련이다. 만약 그러한 한계를 극복할 수 있다면 정말로 좋겠다는 생각을 하기도 하지만 그것은 그냥 생각에 불과하다.

이렇게 보면 프로 컨설턴트는 정말 매력적인 직업이다. 자신의 경험을 토대로 한 프로 컨설턴트의 수입은 사업별 편차에 따른 적용을 받지 않는다. 컨설팅 비용은 산업별 편차가 거의 존재하지 않고 컨설턴트 능력에 따른 비용의 편차만이 있기 때문이다. 컨설턴트 본인의 경험이 어느 산업에 있었는지도 중요하지 않다. 다만 그 산업에서 본인이 습득했던 경험이 중요시될 뿐이다.

나는 내 직업적 경험을 팔아 수익을 20배 성장시켰다. 직장에서 쌓은 직업적 특성에 대한 지식체계를 아주 잘 활용한 것이다. 처음 입사한 회사에서 첫 월급으로 70만 원을 받았지만, 지금은 그 경험을 팔아 월 1천 500만 원의 수익을 올린다. 한 우물만을 미덕으로 여기고 한 직장만 바라보며 계속 그 자리에 있었다면, 그래서 미래를 위한 모험을 시도하지 않았다면 불가능했을 수익이다.

직장생활 10년, 프로 컨설턴트 준비 기간

**PROFESSIONAL
CONSULTANT**

나만의 프레임이 필요하다

한 분야에서 10년 이상 활동한 직장인이라면 그 조직에서 익히고 얻은 지식에 관한 본인만의 프레임을 잘 정리해두는 것이 좋다. 프로 컨설턴트가 되고자 한다면 이것은 자신만이 가질 수 있는 탁월한 무기가 되기 때문이다.

어떤 사람이든 24시간 동안 잠을 자지 않고도 일을 계속할 수 있다면, 아무것도 먹지 않고도 계속할 수 있는 일이 있다면, 그것은 자신의 탁월한 프레임이 될 수 있다. 그게 가능한 일인가? 만약 가능하다면 그것은 어떤 식으로 이루어지는가?

내가 기업에 속해 있을 때의 일이다.

나는 잠을 자지 않고 음식도 먹지 않으면서 꼬박 24시간 일한 경험이 있다. 조직의 혁신활동에 필요한 중요한 기획서를 만들었던 것으로 기억한다. 당시 영업부서에서 근무하던 나는 아침 8시 사무실에 출근했고, 고객과의 미팅을 마치고 다시 사무실로 돌아왔다. 그리고 다음 날까지 제출해야 하는 기획서를 작성하기 시작했다. 너무 몰입하다 보니 사무실에서 다른 사람들이 무엇을 하는지 까맣게 잊고 오로지 그 기안에만 집중하게 되었다.

한참을 작업해 기안을 마치고 난 뒤 시계를 보았는데, 놀랍게도 시곗바늘이 다음 날 아침 8시를 가리키고 있었다. 거의 24시간을 그 기획서 작업에 몰입해, 다른 동료들이 퇴근을 하는지 출근을 하는지도 모르고 또한 아무런 방해도 받지 않고 작업을 했던 것이다.

몰입은 얼마만큼 집중했느냐의 문제이고, 이런 집중력은 곧 결과나 성과와 연결고리를 갖게 된다. 이때 자신의 일에서 몰입의 상태에 들어가기 위해서는 몇 가지 요구조건들이 있다.

그 일에 대한 자신감과 함께 흥미도 동반되어야 한다. 당시 내 경우를 생각해보면 일에 대한 승부욕이 있었던 것 같다. 회사의 조직에서 사원으로 업무를 수행하며 업무를 좀 더 잘 처리해서 좋은 부서로 옮겨 근무하고, 그 성과를 발판으로 더 높은 직급으로 올라가기를 희망했기 때문이었다. 그런 이유로 나는 내 일에 그처럼 깊이 몰입할 수 있었다.

결과는 다행히 좋았다. 나는 원했던 대로 이후 더 좋은 부서에서 일하게 되었다. 그 부서에서의 성과에 대한 평가를 높이 받아 같이 입사한 다른 동료들보다 빠르게 승진했다. 좀 더 나아가 입사 동기 중 가장 먼저 지점장으로 승진하는 성과를 거두기도 했다.

여기서 중요한 점은 좋은 부서와 더 높은 자리에서 일하는 것이 목적이 아니라는 것이다. 그때 내가 일에 집중해서 배우고 습득했던 업무들이 현재의 내 프레임이 되어 있다. 좋은 습관이나 방식은 더 잘할 수 있도록 계속 관리하며 유지하는 게 좋다. 나는 지금도 고객사의 중요한 프로젝트를 수행하는 경우, 그 일에 집중해 결과물을 만들곤 한다. 이러한 결과물에 대해 고객들이 높은 만족을 보이는 것은 물론이다.

앞서 말했듯 컨설턴트 시장은 굉장히 냉정하다. 아무리 좋은 고객이라 하더라도 결과물에 만족하지 못하면 다시 그 컨설턴트와 일하는 경우가 매우 드물다. 고객들은 높은 비용을 지급하기 때문에 당연히 그에 따른 높은 수준의 결과물을 요구한다. 이러한 수준의 요구를 맞추면서 고객들과 지속적인 관계를 형성하기 위해서는 자신만의 탁월한 프레임이 있어야 한다.

탁월한 프레임은 단시간에 만들어지지 않는다. 숙성시키는 장소와 시간이 좋은 와인을 만드는 중요한 요인인 것처럼, 자신만의 프레임도 업무를 통한 충분한 시간의 숙성이 필요하다. 이런 숙성의 시간을 지나고 나면 시장에서 프로 컨설턴트로 활동하는 데 대한 자신감이 생기게 된다.

어떤 경우에도 다른 사람들과 차별화되는 변별력, 이것이 탁월한 프레임의 속성이다. 자신을 명확하게 어필할 수 있는 자신만의 탁월한 프레임은 프로 컨설턴트에게 자신감과 자부심을 갖게 한다. 이것이 컨설턴트로서 고객들에게 더 많은 만족을 줄 수 있다는 일종의 심리적 프레임이 되는 것이다.

필요하다면 지금부터라도 학력을 높여라

미래를 위한 투자에는 시간과 비용이 든다

시간과 비용을 들이는 방법을 통해 가장 강력한 효과를 볼 수 있는 부분은 학력에 대한 투자다.

나는 지방대학 출신으로 기업에 입사했다. 경쟁해야 하는 입사 동기들 중에는 서울의 명문대학 출신도 많았다. 당시 보이지 않는 차별 대우도 있었던 것으로 기억한다.

동등한 출발선에 서지 못했다는 것은 사회에서 결점으로 인식되기 마련이다. 결점을 극복하기 위해서는 다른 사람들보다 더 탁월한 감각이나 변별성을 갖춰야 한다.

회사 조직은 많은 사람이 모여 일을 하며 반드시 성과에 대한 평가를 받게 된다. 평가는 많은 사람을 대상으로 하기에 일정한 패턴을 가진다. 즉 객관적인 평가보다는 주어진 상황에 따라 일정한 규칙으로 이루어지는 경우가 많다.

예를 들자면, 내가 기업에서 관리자로 근무할 때 직원들이 올리는 결재 서류를 하루 평균 30개 이상 처리했다. 매일 처리하는 결재 서류에는 중요성과 시급성의 차이는 있지만 대부분 최종 처리 단계에 관한 것들이었다. 그렇기에 매우 신중을 기해야 했다.

서류들의 결재를 10분에 한 가지씩 처리하는 것으로 계산할 때, 매일 평균 300분의 시간을 쏟아야 한다. 하루 업무시간을 8시간 기준이라고 보자. 6시간 결재 서류를 처리한다면 업무시간의 75% 이상을 매달려야 한다. 이는 다른 일들을 못하는 상황이 된다는 말이다. 따라서 결재 서류를 빨리 처리하기 위한 일정한 패턴을 가지게 되었다.

나는 결재를 올리는 사람들 중심으로 결재를 진행하는 방식을 택했다. 기안자가 신입사원이면 동일한 사안이라 해도 자세히 볼 수밖에 없다. 하지만 그 일을 오래 수행한 선임 과장의 경우에는 간단한 확인만 한 다음 서류에 사인을 하는 경우가 많았다. 이것은 객관적인 사실에 근거해 업무를 처리하기보다는, 결재자 조건에 대한 부분을 감안하여 처리하는 방법으로 볼 수 있다. 이것이 가장 좋은 방법이라고 할 수는 없지만, 업무를 신속하게 처리할 수 있을 뿐만 아니라 정확도에서도 다른 기준에 비교해 전혀 뒤처지지 않았다.

프로 컨설턴트의 세계에서는 이러한 현상이 더욱 두드러진다. 현장에서 일어나는 수많은 일들도 일정한 패턴을 가진다. 즉 고객들은 자신의 일을 위임하는 컨설턴트를 결정할 때, 객관적인 사실로 결정하기보다는 그 컨설턴트의 외부적 조건에 따라 일정한 패턴을 가지고 결정하는 경우가 많다.

프로 컨설턴트로 활동하기 위해서는 다른 사람들과 비교했을 때 변별력 있는 경쟁력을 갖추어야 한다. 물론 여기에서의 경쟁력은 그 업무에서 성과를 낼 수 있는 절대적인 실력을 말한다. 이것은 객관적인 사실에 근거한 결정을 할 때 영향을 끼친다. 하지만 만약 고객들이 일정한 패턴을 가지고 결정을 한다면 아무리 뛰어난 실력을 갖춘 프로 컨설턴트라 하더라도 그 프로젝트를 수행할 수 있는 기회를 얻지 못할 수도 있다. 이러한 부분을 감안해서 본다면 프로 컨설턴트는 자신을 포장하는 일도 게을리해서는 안 된다는 말이다. 즉, 좀 더 많은 기회를 얻기 위해 현재 자신의 모습을 한 단계 업그레이드시키는 꾸준한 노력이 필요하다.

이러한 노력을 실제 프로 컨설턴트로 활동하면서 병행하기는 매우 어렵다. 많은 일을 복합적으로 처리하면서 능력의 업그레이드에까지 시간을 할애할 수는 없다. 가장 좋은 방법은 실질적으로 프로 컨설턴트로 활동하기 이전에 미리 갖추는 것이다. 시간과 비용을 투자해서 현재 자신의 기준을 한 단계 높이는 것이다. 학사나 석사 또는 박사학위를 취득하는 것도 하나의 방법이다.

지금은 어느 때보다 학위를 취득하기 쉬운 시대라고 생각한다. 내 경우에도 처음 직장생활을 시작할 때에는 지방대학 출신이었지만, 지금은 시울에 있는 명문대학의 석사학위와 박사학위를 취득한 상태다. 이는 내 기준을 높이는 일이며 프로 컨설턴트로서 강점을 갖는 방법이라 할 수 있다.

자신을 표현할 줄
알아야 한다

자신의 경력을 팔려면 포장이 되어야 한다. 사람들은 누구나 전문가에게 물건을 사고 싶어 한다. 특히 경험과 지식의 경우에는 형태가 없는 서비스이기 때문에 물리적 증거(Physical evidence)가 매우 중요하다.

프로 컨설턴트에게 물리적 증거란 무엇일까? 이것은 병원에 갔을 때 진료실에서 만나는 의사들의 등 뒤에 꽂힌 의학 전문서적과 같은 의미이다.

나는 병원에 자주 가는 편이다. 병원에 갔을 때 만나는 의사들 대부분은 진료실에서 넓은 책상을 사용한다. 처음에는 왜 의사들이 넓은 책상을 사용하는지 깊게 생각하지 않았다. 또 왜 항상 의사들 등 뒤에 넓은 책장이 있으며, 그 책장에 많은 의학 원서들이 꽂혀 있는지도 알지 못했다. 여기서 중요한 것은 내가 지금까지 봤던 많은 의사들 중 환자를 진찰하며 책장의 전문 의학 서적을 들추는 사람은 단 한 명도 만나지 못했다는 사실이다. 그렇다면 모든 진료실에 있는 많은 의학 전문서적들은 어떠한 용도로 사용되는 것일까? 그것은 어쩌면 하나의 포장과도 같은 의미일 것이다. 나는 이와 같은 것을 '물리적 증거'라고 생각한다.

병원에 간 환자들은 진료를 받으면서 계속 의사의 등 뒤에 있는 의학 전문서적을 보게 되는 것이다. 그러면서 자신도 모르게 눈앞의 의사에 대한 신뢰가 쌓이게 된다. 물론 의사가 등 뒤의 전문서적들을 다 읽었는지에 대해서도 의심을 갖지 않는다. 또 의사에게 그 책의 내용에 대한 질문을 하는 일도 없다. 그냥 당연히 믿게 되는 것이다.

프로 컨설턴트들에게도 이러한 물리적 증거가 필요하다. 고객들은 의사에게 진료를 받을 때와 마찬가지로 컨설턴트에게 진단을 받는다. 이때 컨설턴트가 요구하는 자료나 기업의 상황을 가감 없이 제공한다. 마치 환자가 의사에게 거짓말 없이 자신의 상태를 말하는 것과 같다. 고객은 컨설팅을 받을 때 옷을 벗고 수술대에 누워있는 환자와 동일선상에 놓인다. 다시 말해 의사는 환자의 병을 치료하고 이와 같은 의미로 컨설턴트는 고객의 문제를 해결하는 것이다.

병원의 의사가 환자에게 그러하듯 프로 컨설턴트는 고객이 신뢰할 수 있는 모습을 보여주어야 한다. 의사는 흰색의 가운으로 상징되며, 그가 착용하는 흰색 가운은 청결과 신뢰로 이어진다. 당신이 만나는 의사가 잔뜩 때가 묻은 가운을 입고 낡은 청진기로 진찰한다면 어떤 생각을 하게 되겠는가? 아마 실력과는 상관없이 당신은 그 의사를 신뢰하기 어려울 것이다. 프로 컨설턴트도 마찬가지다. 고객을 만날 때는 항상 깔끔한 복장으로 좋은 상담 도구를 사용해야 한다. 그러한 노력이 고객으로부터 신뢰를 이끌어내는 것이다. 프로 컨설턴트가 구형 휴대폰이나 아주 저렴한 일회용 필기도구를 사용하며 고객을 진단한다면 더러운 가운을 입은 의사와 마찬가지로 당연히 고객의 신뢰를 이끌어내기 어렵다.

앞서 말했듯 의사의 등 뒤에 가지런히 꽂혀 있는 전문서적들은 그들을 향한 신뢰나 권위와 연결된다. 이와 같은 의미로 당신에게도 프로 컨설턴트로서 고객에게 보여줄 수 있는 이력사항이나 자격증이 필요하다.

우리나라에는 국가에서 발행하는 '경영지도사'라는 자격증 제도가 있다. 중소기업청에서 주관하기 때문에 높은 신뢰성을 담보한다. 또한, 많은 경영지도사들이 현장에서 활동하고 있기에 그 가치가 계속 증가하고 있다. 만약 당신이 프로 컨설턴트로서 그와 관련된 자격까지 보유하고 있다면 분명히 그렇지 못한 다른 프로 컨설턴트와 차별화가 가능할 것이다. 이는 당신을 위한 것이 아니라 당신이 만나는 고객을 위한 것들이다. 만족한 고객은 분명히 당신에게 다시 자신의 문제를 해결해달라고 요청하게 된다.

　무엇보다 프로 컨설턴트에게 가장 중요한 사안은 고객이 다시 찾게 하는 것이다. 이는 프로 컨설턴트로서의 생명력과 연결된다. 억대의 수입을 올리는 프로 컨설턴트들은 자신이 고객을 찾아가지 않는다. 반대로 고객들이 자신들을 찾아오게 만든다. 이렇게 만드는 방법에는 여러 가지가 있지만, 그중에서도 물리적 증거를 사용하는 것이 중요하게 작용한다. 여기서 반드시 생각해봐야 할 것은 경쟁력에 관한 문제들이다. 신뢰를 제공하지 못하는 컨설턴트는 항상 고객을 찾아다니기 바쁘게 되고 결국 시장에서의 경쟁력을 잃어버리는 수순을 밟게 된다.

수집하고 정리하라

컨설턴트는 프로젝트를 통해 성과를 도출한다. 그러기 위해서는 고객이 성과를 만들 수 있는 행동을 하게끔 만들어야 한다. 고객을 움직이게 하는 데 가장 효과적인 것은, 어떠한 행동에 대한 결과를 고객에게 보여주는 것이다.

이는 응용 행동 모델을 이용해보면 알 수 있다. 사람은 지식이나 동기부여를 통해 어떠한 행동을 하게 유도하는 경우 20%의 행동을 보이는 반면, 어떤 결과가 나타나는지 명확하게 제시해주는 경우 80%의 행동을 보인다.

컨설팅이 강의나 지식의 전달과 다른 점은, 고객에게 그 행동의 예상되는 결과를 보여준다는 것이다. 이는 설득하거나 강의를 통해 어떠한 행동을 유도하는 것보다 4배나 더 많은 행동을 이끌어 낼 수 있다.

컨설턴트는 최대한 다양한 분야에서 경험을 축적해야 한다. 하지만 그것들이 쌓이는 데에는 시간이 너무 많이 걸린다는 단점이 있다. 이 단점을 극복하는 방법은 간접경험을 이용하는 것이다. 즉, 다른 사람이 정리했거나 만들어놓은 결과물을 충분히 활용할 수 있어야 한다는 말이다.

현장에서 활동하는 컨설턴트들에게 2차 자료의 중요성은 아무리 강조해도 지나치지 않다. 2차 자료들이 결국 고객의 행동을 유도하는 데 가장 효과적이고, 그에 따라 프로젝트 결과가 확연하게 차이나기 때문이다.

내가 알고 있는 유능한 컨설턴트들은 항상 자신의 주변에서 일어나는 일들을 분석하고 그 분석한 결과를 정리한다. 또한, 그러한 결과를 증명할 수 있는 자료들을 수집하는 데 노력을 아끼지 않는다.

나와 함께 오랜 시간 프로젝트를 진행했던 컨설턴트 하나는 세미나에 참관하거나 비즈니스 모임이 있으면 항상 그 내용의 핵심을 찾아 정리한다. 신기한 것은 그 정리한 결과를 바로 프로젝트에 활용한다는 점이다. 물론 그대로 사용하지는 않고, 경험한 자료에 자신의 생각을 넣어 정리한 다음, 다시 현재 진행하는 프로젝트의 고객들에게 적용한다. 놀랍게도, 고객들은 이 자료에 엄청난 호응을 보인다.

어떻게 보면 당연한 결과라 할 수 있다. 이러한 자료의 특징은 본인이 참석한 비즈니스 모임이나 세미나에서 획득한 것으로, 가장 최근에 이슈가 되고 있는 내용들이 대부분이다. 이러한 사항을 다른 사람이 1차적인 정리와 핵심적인 내용으로 재구성한 콘텐츠이기에 반응이 클 수밖에 없다. 일단 1차적인 퀄리티가 담보된 것이라 보기 때문이다. 2차 자료를 획득한 후 자신이 현재 진행하는 프로젝트 이슈에 맞춰 다시 가공한 자료의 힘은 우리가 생각하는 것 이상으로 큰 결과를 만들어낸다.

이런 능력은 대부분의 컨설턴트들이 가지고 있지만, 실제 현장 활동에서 지속적으로 활용하는 데는 많은 어려움이 따른다. 이는 항상 자신이 부지런히 비즈니스 모임이나 세미나에 참석해야 한다는 전제를 동반한다. 또한, 참여하고 난 뒤 그를 통해 얻은 지식이나 기술들을 72시간, 즉 3일 이내에 자신의 콘텐츠에 적용해 다시 작업해야 한다.

어떤 일이든 마찬가지겠지만, 처음 컨설팅 업계에 진입하는 컨설턴트들은 이런 행동에 몰입한다. 항상 자신의 생활에 대입해 고객들의 고민을 해결할 수 있는 해결책을 만들어내려 하는 것이다. 이러한 법칙을 컨설턴트라면 대부분 알고 있지만, 이 행동을 지속적으로 유지하는 컨설턴트는 극히 드물다. 수많은 컨설턴트들 중 상위 1% 정도가 이런 작업을 지속적으로 한다는 게 내 생각이다.

나머지 99% 컨설턴트들은 자신의 전문성을 너무 맹신하거나 좀 더 쉽게 프로젝트를 진행하려 접근 방식을 바꾼다. 하지만 이러한 부류의 컨설턴트들은 컨설팅 시장에서 오래 살아남지 못한다. 이를 바탕으로 많은 사람이 컨설턴트 업무 수명이 길지 않다고 말하는 것이다.

컨설팅 시장에서 장수하며 억대 수입을 올리는 업계 상위 1%의 컨설턴트들은 여전히 존재한다. 그들은 자신의 생활에서 얻은 2차 자료를 수집하고 정리하는 생활이 몸에 배어 있다. 이런 컨설턴트의 특징은 고객들에게 항상 최신의 트렌드에 맞춘 최적의 솔루션을 제공한다는 것이다.

따라서 컨설턴트는 처음부터 자기 주변의 정보를 항상 수집하고 정리하는 습관을 들여야 한다. 이것만 잘해도 생각보다 훨씬 더 빠른 시간에 프로 컨설턴트로 인정받을 수 있다.

컨설턴트가 프로젝트를 운영하는 데 왕도는 없다. 하지만 어떤 분야든 성공한 사람들이 있기 마련이다. 그들에게는 그들만의 노하우를 집약한 일종의 성공 법칙 같은 게 있다. 그 법칙 중 중요한 하나를 든다면 바로 '수집하고 정리하라'일 것이다.

발표하고 체크하라

프로 컨설턴트로 활동하는 사람들을 보면 크게 두 가지 재능을 가졌다.

첫 번째 재능은 논리적인 방식으로 어떤 문제들을 해결해나가는 것이다. 이들의 특징은 자신의 생각을 구조화하는 데 누구보다 능력이 탁월하다는 점이다.

보통 사람들은 하루에 약 5만 가지 이상의 생각을 하게 된다고 한다. 이는 일상 생활에서 연속적으로 반복되는 일반적인 것에 관한 것들이다.

예를 들어 사람들은 정오가 되면 '오늘 점심은 뭘 먹지?' 하는 생각을 한다. 나는 이런 생각을 일상에서 반복되는 '늘 하는 생각',

또는 '평범하고 보편적인 생각'이라 말한다. 이와는 반대로 여태까지 한 번도 보지 못했던 것을 보거나, 지금까지 한 번도 경험하지 못했던 것을 마주하는 경우 이전과는 다른 새로운 생각을 하게 된다. 특별하거나 변별성을 지닌, 그래서 독보적이라 할 수 있는 아이디어들은 바로 이런 생각에서 솟아오른다. 우리가 잘 알고 있는 자동차라는 것도 이런 생각에서 비롯되었다.

자동차는 독일에서 최초로 발명되었다. 자동차가 처음 나왔을 때는 아주 부유한 사람들만 사용할 수 있다고 해서 일명 '부자들의 장난감'이라고 불렸다.

부자들의 소유물이고 그들만의 표상이었던 자동차를 누구나 이용할 수 있도록 만든 사람이 바로 헨리 포드이다. 헨리 포드는 평범한 일상을 살아가다가 어느 날 컨베이어벨트 시스템을 최초로 만들게 된다. 그리고 대량생산을 통해 자동차의 제조원가를 10분의 1 수준으로 낮췄다. 각 가정마다 자동차를 이용할 수 있는 세상을 만든 것이다. 이것은 독창적이며 고정관념을 벗어난 미래를 향한 시선이다.

놀랍게도 헨리 포드가 컨베이어벨트 시스템을 처음 만들었을 때, 이미 미국에는 100여 개의 자동차 공장이 있었다고 한다. 하지만 헨리 포드를 제외하고 나머지의 모든 공장에서는 항상 만들던 방식대로 자동차를 만들었던 것이다.

헨리 포드가 이처럼 남들과 다른 독보적이고 변별적인 생각을 하지 않고, 그래서 컨베이어벨트를 만들지 않았다면, 아마 자동차에 관한 기술력은 지금보다 한참 뒤처져 있었을 것이다.

일생을 살며 누구나 많은 생각을 한다. 그러나 그런 생각을 자신만의 노하우로 구조화하지 못하면 그 가치는 결코 높아지지 않는다.

모두 다 컨베이어벨트를 생각해내고 그것을 시도했던 헨리 포드가 될 수는 없다. 다만 나는 생각을 정리하고 구조화시키려 노력하며 각자의 자리에서 최선을 다해야 한다고 생각한다. 이러한 컨설턴트로서의 내 신념은 앞으로도 변하지 않을 것이다. 그것이 곧 자기 자리에서 자신의 가치를 높이는 방법이기 때문이다.

프로 컨설턴트로 활동하는 사람들의 두 번째 재능은, 자신이 알고 있는 것을 다른 사람들에게 잘 전달하는 능력이다. 이것은 '프레젠테이션 역량'이라 하기도 하고 '강의 역량'이라 하기도 한다.

사람들은 많은 경험과 지식이 자신에게 있으면, 그것으로 다른 사람들에게 강의할 수 있다고 믿는다. 내 경험에 비춰보면 많은 것을 알고 있는 것과 다른 사람들을 가르치는 것은 정말 다른 영역이고 다른 재능이라는 생각이 든다.

대학교에도 연구교수 제도와 강의교수 제도가 있다. 교수들도 연구를 잘하는 사람과 강의를 잘하는 사람으로 나뉜다. 이 두 영역에 속한 사람들의 성향이 각기 다르기에 이렇게 구분하는 것이다. 교수들이 가진 역량을 각각의 자리에서 최대한 발휘할 수 있도록 하는 배려이기도 하다.

내가 컨설팅을 수행하면서 느낀 또 하나의 진리가 있다.

컨설턴트들도 강의를 잘하는 컨설턴트들과 프로젝트를 잘하는 컨설턴트들로 나뉜다는 것이다. 나는 아직까지 이 두 가지 모두 잘하는 컨설턴트를 본 적이 없다. 다시 말해, 자신이 가진 재능만으로 두 가지를 다 잘할 수 없다는 것이다.

물론 이 두 가지에 어느 정도 능한 사람도 있겠지만, 이는 극히 드물다. 타고난 감각적 재능과 현재 자신의 상황, 주변의 여건, 비즈니스와 개인적 인간관계 그 모든 것들의 미묘한 맞물림이 긍정적으로 뒷받침된다는 건 불가능하다. 게다가 한 가지를 잘한다는 것도 사실 쉽지 않다. 어떤 분야든 성공을 인정받는다는 건 매우 어렵고, 그만큼 많은 노력을 기울여야 이룰 수 있는 것이다.

감각적 재능보다는 강의에 능한 컨설턴트는 강의를 잘하고, 프로젝트에 재능을 가진 컨설턴트는 프로젝트를 잘하면 된다. 나는 현재 자신의 자리에서 자기가 잘할 수 있는 일에 최선을 다하는 것이야말로 진짜 멋진 일이라고 생각한다.

논리적인 방식으로 어떤 문제들을 해결해나가는 재능과 자신이 알고 있는 것을 다른 사람들에게 잘 전달하는 재능, 이 두 가지 재능은 프로젝트를 수행하는 데 매우 중요한 요소로 작용한다. 다 잘하면 좋겠지만, 현실적으로 그런 컨설턴트는 드물다. 그래서 프로 컨설턴트가 되려면 발표하고 체크하는 일을 끊임없이 반복해야 한다.

자신이 운영하는 프로젝트의 결과물을 다른 사람들에게 전달하는 것도 중요한 작업이다. 어찌 보면 프로젝트를 잘하는 것보다 그 프로젝트의 결과를 잘 포장해 고객들에게 전달하는 것이 더 중요할 수도 있다.

다행히 내가 가진 재능이 다른 사람들에게 강의를 잘 전달하는 것이라면 프로젝트에 대한 부담은 조금 줄어든다. 내가 가진 역량이 프로젝트를 수행하는 재능이라면 항상 프로젝트 결과물을 고객들에게 잘 전달하려 충분한 연습을 해야 한다. 이것은 컨설팅에서 매우 중요한 부분이다. 본인이 전달하는 재능을 가진 컨설턴트라 하더라도 끊임없이 발표해보고 미리 체크해보아야 한다. 아무리 깜깜한 밤길이라도 알고 걷는 길과 모르고 걷는 길의 차이는 확연하다. 만약 이러한 단계를 소홀히 한다면 그것에서 비롯되는 여파는 상당할 수밖에 없다.

모두 함께 고생해서 도출한 결과물들이 완성도와는 전혀 상관없이 낮은 평가를 받을 수도 있다. 그에 대한 책임은 누가 질 것이며, 당사자나 팀원들의 심리적인 데미지는 또 어쩔 것인가. 따라서 프로 컨설턴트들에게 '발표하고 체크하자'는 아무리 강조해도 지나치지 않은 덕목이라 할 수 있겠다.

프로 컨설턴트,
경험에 지식을
더한 사람

**PROFESSIONAL
CONSULTANT**

컨설팅의 커뮤니케이션은 리더십이다

컨설팅에서의 커뮤니케이션도 프로젝트를 진행하는 데 있어 중요한 사안 중 하나다. 이것은 컨설턴트가 자신의 경험, 지식, 기술 등을 언어, 그림, 기호 따위의 수단을 통해 고객과 컨설팅 전반에 대해 의사나 감정, 생각 등을 주고받는 일을 의미한다.

컨설팅의 커뮤니케이션은 컨설턴트가 업무를 수행하기 위해 갖추어야 할 여섯 가지 역량 중, 나머지 다섯 가지를 통합하는 포괄적인 영역이라 할 수 있다. 즉, 컨설턴트는 고객과의 컨설팅 비즈니스에서 6모델이라고 하는 여섯 가지 역량을 발휘하여 고객의 성과 창출을 돕는다. 그중에서 커뮤니케이션은 다른 다섯 가지 역량

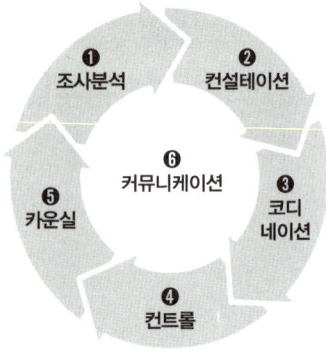

▲ 컨설턴트의 6모델

식스모델	정의
❶ 조사 분석	고객의 매출 및 고객 자료/시장 환경 및 경쟁자 조사, 분석 역량
❷ 컨설테이션	경영 전반에 걸친 문제점에 대한 인식 및 해결책의 제시 역량
❸ 코디네이션	마케팅/영업에 필요한 본사의 상품 및 물류, 정책 등에 관한 전반적 이해관계 조정 역량
❹ 컨트롤	고객의 매출 관리, 중점 선행지표 관리 역량
❺ 카운실	개인적인 신뢰관계를 통한 상담역으로서의 역량
❻ 커뮤니케이션	정기적 커뮤니케이션(빈도, 태도 및 내용의 적절성) 역량

▲ 컨설팅의 커뮤니케이션 프로세스

을 발휘하여 고객과 신뢰관계를 구축할 수 있도록 총괄하는 역량으로 정의한다.

컨설턴트에게 커뮤니케이션의 목적은 프로젝트의 성공적인 수행을 위해 액션을 명확하게 설정하는 것을 의미한다. 여기에서 액션은 고객과 컨설턴트의 신뢰관계가 중요함을 인식하고 이를 높이기 위한 것이다. 이러한 활동이 원활히 이루어져 고객과 컨설턴트 간의 신뢰가 깊게 형성되는 경우, 프로젝트에서 컨설턴트가 리더십을 발휘할 수 있게 된다.

컨설턴트의 6모델에서 커뮤니케이션의 내용을 정리하면 다음 표와 같다.

정의	앞선 다섯 가지 활동들을 원활히 진행하기 위한 신뢰관계 구축
Goal	고객과 신뢰관계의 중요성을 인식하고, 높이기 위한 액션이 명확해진 상태
주요 활동 확인	1. 고객에 대한 방문 빈도는 적절하다고 판단하십니까? 2. 고객사를 방문하였을 때, 점주뿐만 아니라 직원들과도 대화 시간을 갖고 있습니까? 3. 대표를 비롯한 직원들이 당신을 상담하기 좋은 상대라고 생각하고 있습니까? 4. 대표와 직원들이 상품 판매에 대해 당신을 상담하기 좋은 상대라고 생각하고 있습니까? 5. 고객들은 당신을 거래처 운영 전반에 대해 상담하기 쉬운 상대라고 생각하고 있습니까?

▲ 6모델에서의 커뮤니케이션

커뮤니케이션에서 컨설턴트의 주요 활동은 대략 다섯 가지로 제시할 수 있다.

첫째, 고객과의 접촉을 적정한 수준으로 유지하는 것이다.

이때 접촉을 직접적인 만남이나 방문만으로 한정 짓는 경우가 있다. 하지만 전자메일이나 전화 또는 SNS나 문자메시지를 활용하여 고객과 의사소통하는 모든 활동을 접촉으로 정의할 수 있다. 즉, 본격적인 비즈니스를 시작하기 전에 고객과 일상적인 정보를 공유함으로써 신뢰관계를 형성하는 것이다.

고객과 신뢰관계가 형성되면 방문의 빈도를 적절하게 유지할 수 있다. 단순히 방문의 횟수를 증대하기보다는 사전 접촉을 통해 방문의 질을 높이는 것이다. 이후 고객 방문 빈도를 적절하게 유지하는 것이 중요하다.

둘째, 컨설턴트는 고객사를 방문했을 경우, 고객사를 편협한 시각으로 보지 않고 전체적으로 보려는 노력을 해야 한다.

탁월한 감각을 지닌 컨설턴트는 고객이 가진 문제의 테두리 안과 밖을 모두 조망할 줄 알아야 한다. 어느 한곳에 시선이 몰려 있다면 그만큼 문제 해결은 어려워진다. 하지만 많은 컨설턴트들이 고객사 대표의 의견에 집중하고 거기에서 어떠한 문제 해결의 실마리를 찾으려 하기도 한다. 이러한 접근은 자칫하면 숲을 보지 못하고 나무만을 보는 결과를 가져올 수 있다.

고객의 비즈니스에는 많은 사람이 관여하게 된다. 때문에 고객사를 방문했을 때 최소한 고객사의 재무, 인사, 생산, 회계, 마케팅과 관련된 직원들과의 대화시간을 가져야 한다. 이것은 고객의 비즈니스를 편협한 시각으로 보지 않고 전체적으로 보는 첫 단추가 된다.

셋째, 컨설턴트는 많은 분야에 대해 전문성을 가져야 하지만, 고객에게는 자신의 문제점을 편하게 의논할 수 있는 상대가 되어야 한다.

아무리 좋은 내용이라 하더라도, 컨설턴트는 자신이 가지고 있는 전문적인 용어나 생각을 고객에게 그대로 전달해서는 안 된다. 고객의 눈높이에 맞추어 자신의 의견이나 생각을 전달해야 한다. 이는 철저한 사전 준비와 함께 고객의 전반적인 상황을 파악하고 있어야 가능한 영역이다. 따라서 고객이 자신의 생각과 의견을 컨설턴트에게 편하게 제시할 수 있는 분위기를 먼저 만들어야 하는 것이다.

넷째, 고객사의 대표와 직원들이 자신들의 성과에 대해 컨설턴트에게 가감 없이 말할 수 있는 분위기가 중요하다.

만약 컨설턴트가 프로젝트 초기 단계에서 다른 회사들의 우수한 사례들을 숫자적으로 제시한다거나 성과의 일정한 기준을 미리 설정해버린다면, 그 또한 고객들과의 관계에서 하나의 장벽이 될 수 있다.

컨설턴트는 의사가 환자를 돌보는 것과 비슷한 형태의 업무를 진행하게 된다. 의사가 병을 치료할 때, 너무 전문적인 용어를 사용하거나 너무 높은 기준의 처방을 내리게 된다면 당사자인 환자는 어떻게 되겠는가. 환자가 의사와의 관계에서 어려움을 느끼게 되는 것은 당연한 결과다. 그러므로 컨설턴트는 자신의 기준에서 고객의 비즈니스를 판단하려 하면 안 된다. 고객이 자신의 비즈니스에 대해 편하게 말할 수 있는 분위기를 조성한 후 그에 따른 대응책을 마련해야 한다. 컨설팅 현장에서 얻는 경험이 많을수록 컨설턴트의 이런 대응 기술은 노련할 확률이 높다.

다섯째, 고객은 컨설턴트에게 자신의 비즈니스 운영 전반에 대해 그들의 용어를 사용해서 편하게 이야기할 수 있을 정도로 준비해야 한다.

컨설턴트는 고객의 사업에 대한 기본적인 자료나 지식이 고객보다 적을 수밖에 없다. 하지만 그렇다고 해서 이러한 사실을 당연한 것으로 여기고 아무런 준비 없이 대화하면 고객들은 컨설턴트의 전문성을 의심할 수 있다. 이러한 경우에는 컨설턴트와 고객이라는 상호의 신뢰관계에 악영향을 미친다.

문제점을 미연에 방지하기 위해 컨설턴트는 항상 고객의 비즈니스에 대해 동등한 수준으로, 아니면 최소한 상식적인 수준에서 상담할 수 있는 지식을 사전에 충분히 준비하고 커뮤니케이션에 임해야 한다.

커뮤니케이션 활동의 성과

결국 커뮤니케이션을 정의하자면 고객과의 신뢰관계를 구축하는 것이라 할 수 있다. 커뮤니케이션의 목적은 신뢰관계를 높이기 위해 컨설턴트가 어떠한 행동을 해야 하는지를 명확히 인지하는 것이다. 이런 노력들을 바탕으로 컨설턴트는 프로젝트에서 리더십을 발휘하게 된다.

문제 해결의 핵심, 아이템 조사

컨설턴트가 해야 할 일을 '목적'에 집중해 정리하면 다음과 같다.

'고객이 현장에서 겪게 되는 경영상의 문제를 해결해 성과를 창출하도록 돕는 것'

컨설턴트에게 목적은 곧 역할이라는 말과 동일하다.

고객이 성과를 내도록 도우려면 먼저 그 고객이 직면한 문제와 원인을 명확히 알아야 한다. 그래야 그에 관한 해결책을 고객과 함께 고민하고 생각할 수 있다. 기본적으로 컨설턴트가 문제 해결에 맞는 사고와 전략적 기술을 갖춰야 함은 물론이다.

고객이 현장에서 겪게 되는 경영상의 문제를 해결한다는 것은,

곧 고객이 원하는 '이상적인 상태'와 '현실'의 차이(gap)를 줄인다는 의미다. 당연히 고객이 원하는 '이상적인 상태'가 높을수록 현실과의 차이가 커지기 마련이다. 이때 문제 해결 방법을 찾기 위해 실시하는 조사나 연구를 '리서치(research)'라 한다.

컨설턴트 관점에서 리서치를 정의하면 다음과 같다.

'고객의 성과 창출에 필요한 자료를 명확하게 만드는 것'

여기서 핵심은 '사실'을 기반으로 '과학적인' 접근을 통해 자료를 '명확하게' 해야 하는 것이다.

'문제 해결'의 흐름에서 리서치가 진행되는 방향은 아래 그림과 같다.

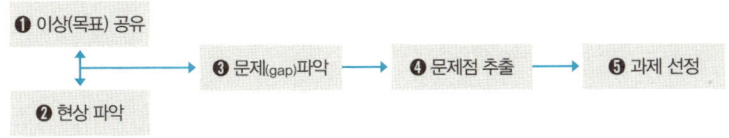

▲ 리서치의 진행 방향

이때 문제 해결 과정에서 가장 우선시되어야 할 것은 '이상(목표) 공유'다. 이는 쉽게 말해 고객이 원하는 '이상적인 상태'가 무엇인지 컨설턴트도 공유해야 한다는 것이다. 여기서 '이상적인 상태'가 곧 목표(goal)이므로, 이를 기준으로 개선 사항을 찾아낼 수 있다.

'이상' 즉, 목표는 구체적이고 분명하게 설정해야 한다. 목표가 추상적이면 문제 해결을 위한 행동이 오히려 기업에 마이너스가 될 수 있다.

예를 들어, A와 B라는 기업 경영자들이 있다고 가정하자. A는 '현재 영업이익률이 4%인데, 이를 6%까지 올리고 싶다'는 분명한 목표를 세웠다. 이 경우, 컨설턴트는 영업이익률이 낮은 이유를 파악하고 개선 방법을 찾는 데 집중할 수 있다. 명확한 목표가 있기 때문에 명확한 해결책의 핵심에 집중할 수 있는 것이다.

반면 B는 '회사 이미지를 긍정적으로 바꾸고 싶다'는 추상적인 목표를 세웠다. 이런 경우 어떤 결과가 나올까? '긍정적'이라는 말에 대한 해석은 사람마다 다르다. 자칫하면 경영자가 원하는 것과 전혀 상이한 방향으로 기업 이미지가 바뀔 수도 있다. 컨설턴트와 고객이 목표를 분명하게 세우고 공유해야 이런 상황을 피할 수 있다.

목표가 공유됐다면 현상을 파악해야 한다.

'현상'이란 고객이 원하는 '이상적인 상태' 즉 '목표'와 대비되는 '현재의 상태'를 뜻한다. 현상 파악을 통해 목표와 현상의 차이(gap)인 '문제'를 파악할 수 있는데, 이때 목표와 현상의 차이를 명확히 해야만 문제도 정확하게 파악할 수 있다. 따라서 고객은 분명한 목표를 세워 공유해야 하고, 컨설턴트는 현재 상태를 명확히 파악해야 한다는 결론이 도출된다.

이렇게 파악한 문제는 단순히 하나가 아니라 다시 여러 개의 문제점으로 세분할 수 있다. 이런 문제점들을 명확히 설정하는 것을 '문제점 추출'이라 한다. 가능한 한 많은 문제점을 추출해내는 것이 무엇보다 관건이다. 단, 해결 불가능한 문제점은 대상에서 제외해야 한다.

해결 불가능한 문제란 경쟁사 대비 제조원가가 높은 경우 등을 말한다. 즉 시장에서 경쟁사와 치열한 판매 경쟁을 하는데, 경쟁사는 자체 공장을 소유하고 있고 우리는 주문제작 방식으로 생산하고 있다. 이러한 경우 주문 제작 방식의 제조원가가 경쟁사보다 높을 수밖에 없다. 이때 제조원가가 높다는 문제점들에 매달리다가는 시간과 비용, 노력만 들이고 아무런 성과를 얻지 못할 수도 있다. 그 시간, 비용, 노력을 '개선 가능한 문제점'에 집중해야만 고객의 성과창출을 도울 수 있다.

문제점 추출은 '5P'를 통해 더 세분화할 수 있다.

여기서 5P란, 상품(Product), 가격(Price), 영업 구조·상품 진열(Place), 프로모션(Promotion), 판매원(Person)을 의미한다.

5P를 활용할 때는 '어떤 관점에서 바라볼 것인가' 하는 시점의 문제가 중요하다.

다음은 5P 각각에 필요한 시점을 간략하게 정리한 것이다.

- **상품(Product)의 시점** 상품이 고객의 요구에 맞춰져 있는가?

타사 상품과 비교하여 매력적인가?
- 가격(Price)의 시점 가격 설정은 적절한가? 할인이나 세일 타이밍은 적절한가?
- 영업 구조·상품 진열(Place)의 시점 거래 판매점 수와 상품 진열은 적절한가?
- 프로모션(Promotion)의 시점 매장 만들기, POP, 판촉 이벤트, DM, 해피콜의 질과 양은 적절한가?
- 판매원(Person)의 시점 접객의 질은 높은가? 판매 사원의 행동량은 충분한가? 방침에 준해 접객하고 있는가?

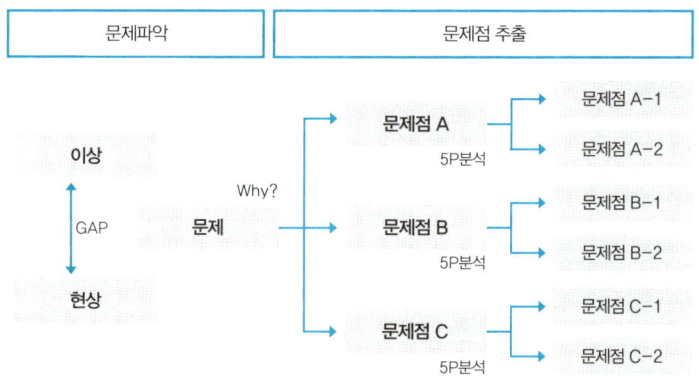

▲ 5P를 적용한 문제점 추출의 예

5P를 적용한 문제점 추출을 그림으로 나타내면 다음과 같다.

다음으로, 이렇게 추출한 문제점들에 우선순위를 매겨 과제로 정리하는 것이 '과제 선정'이다.

과제 선정에서는 우선순위를 정확하게 매기는 것이 중요하다. 과제를 얼마만큼 제대로 선정하느냐가 프로젝트의 성과 차이를 만들기 때문이다. 과제를 선정하고 우선순위를 매길 때 주의사항은 시급성에만 의존하지 말고 중요성과 용이성을 같이 반영해야 한다는 것이다.

예를 들어 시장에 신제품을 출시하는 것은 경쟁 상황에 있는 기업들에게는 매출을 올리는 중요한 요소가 되기에 항상 시간에 쫓기기 마련이다. 이렇게 시급한 일에 집중하다 보면 기존 제품의 품질을 높이는 작업이나 현재의 문제점을 개선해야 하는 등의, 매우 중요하면서 바로 시행할 수 있는 과제들이 뒤로 밀리게 된다. 이와 같은 과제 선정의 방식을 반복한다면 당연히 이런 결과가 발생한다. 시장에서 신제품은 일정한 매출상승을 유도할 수도 있지만, 기존 제품의 경쟁력 약화를 가져올 수도 있다. 때문에 기업이 지속적이고 안정적인 성장을 추진하기 어려운 상황으로 이어진다. 과제 선정의 우선순위를 결정할 때는 반드시 중요성과 실행의 용이성을 같이 반영하여 진행해야만 이러한 현실적인 모순을 방지할 수 있다.

'컨설테이션'을 활용하라

프로 컨설턴트가 현장 활동(협의나 회의)에서 사용할 코디네이션(어떤 전략으로 자세를 취할 것인가)은 여러 가지 다른 움직임을 종합하는 것이다. 이는 고객의 주변에서 어떤 문제에 상응해 일어나는 여러 가지 특별한 움직임에 대응하는 능력이라 할 수 있다. 즉, 주어진 상황을 자신의 의도대로 정확하게 파악하여 문제 해결을 효율적으로 할 수 있도록 만드는 기술의 하나인 것이다.

이 기술을 활용하면 컨설턴트가 고객의 문제 해결을 위해 정리해야 할 일들이 명확해진다. 또한, 이를 통해 프로젝트를 둘러싸고 있는 모든 상황을 조망해 컨설턴트 자신만의 방법으로 정리할 수 있다.

컨설팅에 앞서 이런 작업이 선행되어야 고객의 문제를 해결하기 위한 활동 범위를 파악할 수 있다. 이를 통해 고객의 문제를 파악하고 해결책을 수립하기까지의 프로세스를 정리하면 다음과 같다.

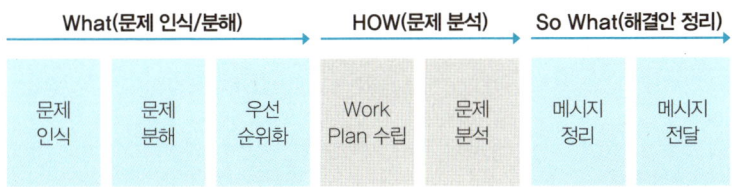

▲ 해결책 수립 프로세스

프로젝트에서 코디네이션의 가장 큰 의미는 상호 조정이다. 우선 컨설턴트는 프로젝트를 의뢰한 고객이 수행해야 하는 일과, 고객이 할 수 있는 일을 확인해 분리해야 한다. 그다음 자신이 수행할 일과 상호 조정하여 결과에 대한 상승효과를 창출하는 영역을 찾아내는 것이다. 이러한 상호 조정의 결과로 프로젝트에서 고객과 컨설턴트가 서로에게 요구하고 있는 것이 명확하게 표면으로 드러난다. 이 시점에서 명확해진 것들을 실제로 해결하기 위한 상세한 설계가 실시되어야 한다.

6모델에서 코디네이션의 내용을 정리하면 다음과 같다.

정의	거래처의 과제와 해결책에 대한 가설 설정
Goal	담당 거래처의 과제와 해결책의 가설이 세워진 상태
주요 활동 확인	1. 고객이 안고 있는 문제에 대해 현장과 공유하고 있습니까? 2. 고객의 문제에 대한 원인에 대해서 이해하고 있습니까? 3. 고객의 문제에 대한 해결안(가설)을 가지고 있습니까? 4. 당신의 해결안(가설)이 성과를 창출할 수 있다고 현장을 이해시키고 있습니까? 5. 당신의 해결안(가설)이 활동하기 쉬운 행동으로 정리되어 있습니까?

▲ 6모델에서의 코디네이션

위의 표처럼 코디네이션에서 가장 중요한 사안은 고객의 요구를 실현하기 위해 컨설턴트가 해야 하는 작업을 분류하는 것이다. 이것은 고객과의 관계에서 다섯 가지로 세분화된다.

첫째, 고객에게 유용한 정보를 사전에 파악하는 것이다. 컨설턴트는 고객의 문제 해결과 관련해 유용한 정보를 확보하고 그 중요성을 등급별로 구분해 두어야 한다.

둘째, 고객이 컨설턴트에게 기대하는 것에 대한 인식이다. 고객은 컨설턴트를 통해 자신이 얻고자 하는 것을 정확하게 인지하지 못하는 경우가 많다. 이때 컨설턴트까지 고객의 기대를 파악하지 못하면 많은 문제가 발생한다. 즉, 컨설턴트는 고객의 기대가 무엇인지 질문을 통해 수시로 파악하고 구조화를 진행시켜야 한다.

이러한 방식을 통해 고객의 기대를 파악하고 분류한 뒤 그 내용에 대해 반드시 고객과 합의해야 한다. 주의해야 할 것은 컨설턴트만의 고유한 문제들이다. 사람에게는 누구나 자신이 할 수 있는 범위를 기준으로 다른 사람의 말을 듣는 습관이 있다. 컨설턴트가 지양해야 할 부분이 바로 이런 점이다. 고객의 기대를 컨설턴트 본인의 기준으로 파악하면, 결국 고객은 그 프로젝트의 결과에 만족하지 못한다. 따라서 컨설턴트는 반드시 고객의 기대를 객관적인 시각으로 파악해야 한다.

셋째, 고객의 기대를 기반으로 최근의 시장 동향을 파악하는 것이다. 여기에는 고객사와 경쟁사, 그리고 고객 당사자까지 포함된다. 이는 Customer(고객), Competitor(경쟁사), Company(자사)의 첫 글자를 활용해 3C라는 용어로 사용한다.

무엇보다 컨설턴트는 고객사를 중심으로, 경쟁사와 자사에 대한 동향 외에도 Customer's Customer(고객의 고객)와 Customer's Competitor(고객의 경쟁사)의 전반적인 정보까지 알고 있어야 한다. 이것을 기존의 3C에 2C를 추가해서 5C라는 용어로 사용한다. 요즘처럼 경쟁이 치열한 시기에는 명확한 고객의 기대를 기반으로, 5C에 대한 정보를 수시로 고객과 공유해야 한다. 이러한 작업이 지속적으로 진행될 때 고객은 컨설턴트에게 문제 해결의 기대감을 가질 수 있다.

넷째, 컨설턴트는 고객들에게 문제 해결에 필요한 원리와 원칙을 명확하게 전달해야 한다. 고객들은 컨설턴트를 통해 새로운 정보를 다양하게 접하게 되면 혼란을 가진다. 고객 입장에서 자신의 기대를 충족시킬 수 있다는 기대감이 상승하고, 더 나아가 지금까지 자신이 생각하지 못했던 부분까지 해결할 수 있다는 사고의 확장이 일어난다. 이때 컨설턴트가 고객이 해야 하는 일들에 대해 중요한 원칙을 세우고 접근하지 못하면 또 다른 문제가 발생한다. 따라서 상황 변화에 대응할 수 있는 중요한 원리와 원칙을 항상 고객에게 제시해야 하는 것이다. 다시 말해 지금 상태에서 또 다른 문제가 발생하지 않도록 하는 것이 중요하다.

다섯째, 고객의 문제를 해결하고 기대 사항을 충족시키기 위해 다른 프로젝트의 성공 사례를 공유한다. 이는 비슷한 문제 해결의 사례를 제시함으로써 고객들이 경험하지 못했던 결과에 대해 스스로 예측할 수 있게 하는 것이다. 이런 작업을 통해 향후 프로젝트가 어떻게 진행될 것인지에 대해서도 고객 입장에서 예측이 가능하도록 해야 한다.

컨설턴트가 이 다섯 가지 코디네이션 기술을 잘 활용하면 고객과의 관계에서 상승효과를 창출할 수 있다. 이것은 컨설턴트의 활동에 대한 고객의 이해 수준이 높아지는 효과와 이어진다. 컨설턴트 입장에서는 고객의 역할이 명확해지면 그를 통해 문제 해결에 대한 기대감이 상승한다. 이 두 가지 결과가 조화로운 상승효과를 창출하면 프로젝트의 효율성이 극대화될 가능성이 높다.

과제	개선 테마	해결 방침			
		기본	교육·훈련	툴 작성	대행
❶ 신규 고객의 일반 고객화	접객 만족도 향상	진행 인사	정례 접객 롤플레이 실시	접객 토크 매뉴얼 작성	시간대 별 역할 분담
		상품 발송 시 감사 편지 및 SMS 발송		상품 발송 시 감사 편지 및 메일 발송	
	상품 만족도 향상	상품 설명 툴 사용	상품 설명 롤플레이 실시	상품 설명 툴 작성	
	회원 특전 만족도 향상	카드 등록 권유	카드 등록의 이점을 효과적으로 설명하는 롤플레이	카드 권유 및 설명 툴 작성	
❷ 휴면 고객의 가동 고객화	방문 유치	해피콜	해피콜 롤플레이	해피콜 스크립트 작성	시간대 별 역할 분담
	접객 만족도 향상	진행 인사	정례 접객 롤플레이 실시	접객 토크 매뉴얼 작성	시간대 별 역할 분담
	상품 만족도 향상	상품 설명 툴 사용	상품 설명 롤플레이 실시	상품 설명 툴 작성	
❸ 각 고정고객 랭크업	1회당 구입액 향상	기본 툴로 1개 아이템 소개	크로스 셀링 롤플레이 실시	크로스 셀링 매뉴얼 작성	
		코디네이터 사례집 제시	코디네이터 스터디 그룹 실시	코디네이터 사례집 작성	
	재방문 빈도 향상	해피콜	해피콜 롤플레이	콜 스크립트 작성	시간대 별 역할 분담
		감사 편지 발송		감사 편지 작성	시간대 별 역할 분담
	판매율 향상	고객 관리장 사용	고객 관리에 기초한 접객 롤플레이	고객 관리장 작성	

▲ 고객과제 해결의 기본 행동 설정 사례 예시

프로젝트의 성과는
컨트롤이 결정한다

컨설턴트가 프로젝트에서 하는 일의 대부분은 고객의 비즈니스 성과를 창출하는 것을 목적으로 한다. 때문에 컨설턴트가 프로젝트에서 주로 사용하는 여섯 가지의 기술 중 '컨트롤'은 매우 중요하다.

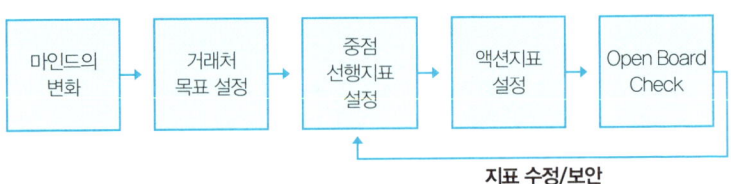

▲ 컨트롤의 지표 관리(프로세스 관리/가시화 관리) 프로세스

프로젝트에서 컨설턴트는 프로세스 관리와 가시화 관리를 활용한 지표 관리를 통해 고객을 컨트롤해야 한다.

지표 관리는 비즈니스 마인드의 변화에서 시작하고 고객이 자신의 목표를 명확히 할 수 있도록 돕는 것이 중요하다. 그런 다음 컨설턴트가 고객의 명확한 비즈니스 목표로 중점 선행지표를 설정하는 것이다. 그래야만 고객은 설정된 중점 선행지표로 액션 지표를 설정하고 그에 따라 체계적으로 실행하게 된다.

컨설팅의 6모델에서 컨트롤의 내용을 정리하면 다음과 같다.

정의	실행을 촉진시키기 위한 지표 관리의 방법(프로세스/가시화 관리)
Goal	담당 거래처가 지속적으로 활동을 할 수 있도록 관리 방법이 명확해진 상태
주요 활동 확인	1. 거래처에서 꼭 실행했으면 하는 것을 구체적으로 전달하고 있습니까? 2. 거래처에서 꼭 실행해야만 하는 것에 대해 누락 없이 체크하고 있습니까? 3. 거래처에서 실행하고 있는 활동의 효과 유무에 대해 검증하고 있습니까? 4. 거래처에서 실행해야만 하는 것에 대해 적극적으로 실행 지원을 하고 있습니까? 5. 거래처에서 실행해야만 하는 것에 대한 진척 상황을 수시로 파악하고 있습니까?

▲ 6모델에서의 컨트롤

컨트롤의 주요 활동은 다음 다섯 가지로 설명할 수 있다.

첫째, 고객의 성과를 창출하기 위해 꼭 실행해야 하는 것들을 구체적으로 전달한다. 고객의 비즈니스는 결국 생물과 같아서 매일 실행하는 과정들이 모여 하나의 결과가 된다. 여기에서 가장 중요한 것은 마지막 단계인 비즈니스의 결과가 아니라 과정이다. 따라서 컨설턴트는 고객이 실행해야 하는 것에 대해 구체적으로 제시할 수 있어야 한다. 또한 반드시 고객에게 실행을 왜 하는지에 대한 동의를 이끌어내야 한다.

둘째, 고객과 합의하에 프로젝트 실행의 동의를 이끌어내며, 그다음으로 실행하는 과정에 대한 꼼꼼한 모니터링이 필요하다. 사람들은 누구나 자신이 실행해야 하는 일에 대해, 싫증 내고 잊어버리며 되도록이면 편안함에 안주하려는 특성이 있다. 이러한 이유로 고객이 꼭 실행해야 하는 것에 관해서는 컨설턴트가 누락 없이 체크하고 있어야 한다.

고객의 일을 누락 없이 체크하는 데 반드시 필요한 것이 일에 대한 프로세스적인 관리다. 방법을 말하자면, 고객이 해야 하는 일을 일정한 규모의 단계로 먼저 구분한다. 각각의 단계에서 세부적인 액션들을 다시 구분하는 과정을 거치면 고객의 실행 여부를 체크하는 것이 쉬워진다.

일에 대한 프로세스적인 접근을 통해 세부적인 액션이 설정되면, 체계적으로 관리할 수 있도록 반드시 가시화 작업을 진행한다.

가시화 작업은 보통 결과를 눈에 보이도록 설정하는 경우가 많다. 그러나 여기서도 결과를 관리하는 것은 그리 중요하지 않다. 어떤 일에서 결과가 나온 뒤에는 고객이나 컨설턴트가 할 수 있는 일이 많지 않기 때문이다.

셋째, 고객이 실행하고 있는 액션에 대한 효과의 유무를 검증하는 것이다. 고객과 합의하에 세부적인 액션을 설정하고, 그 액션을 프로세스화한 뒤에 가시화 관리를 진행한다. 이에 따라 고객의 실행 여부가 좀 더 명확해진다. 이때 일의 진행 결과를 확인하고 난 뒤라면, 그 결과물로 고객의 성과에 영향을 주는 의미 있는 변화가 발생하고 있는지를 점검하는 것이다.

넷째, 고객이 실행하는 부분에 대한 적극적인 지원이다. 고객들은 항상 자신들이 하는 일에 대해 의구심을 품는다. 그러한 의구심은 고객 당사자의 경험에서 비롯된다. 일을 프로세스로 구축하고 눈에 보이도록 관리하는 경험이 부족한 경우 특히 더 심하다. 이때 컨설턴트는 자신의 성공적인 경험이나 타사의 예시를 제시해 공유함으로써 고객의 의구심에 대한 걱정을 줄일 수 있다.

다섯째, 컨설턴트는 고객이 비즈니스에서 실행하는 일의 전체적 진척 사항을 수시로 파악하고 그 결과를 피드백해야 한다. 결과적인 측면으로 보자면 예측이 빗나갈 수도 있고 고객의 기대와 어긋

나는 방향으로 진행되는 경우도 있다. 이때 진행 과정에서 진척 상황을 공유하고 그것에 관한 방향 선회나 대비책을 피드백할 수 있다. 컨설턴트가 이러한 과정을 진행하면 고객은 자신의 일을 좀 더 신중하게 실행하려 노력하게 된다.

컨트롤을 통한 성과 창출의 선순환 프로세스를 그림으로 나타내면 다음과 같다.

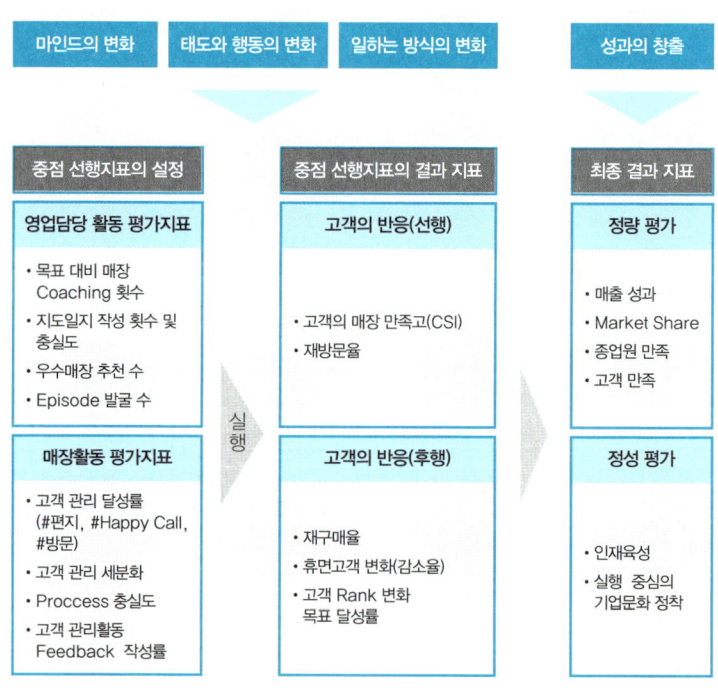

▲ 컨트롤을 통한 성과 창출의 선순환 프로세스

결국, 프로젝트에서 컨트롤은 컨설턴트가 자신의 경험을 바탕으로 고객을 지원하거나, 고객이 자신의 일을 체계적으로 실행할 수 있도록 협력하는 것이라 정의할 수 있다. 때문에 컨설턴트가 컨트롤을 잘 활용해야만 고객이 자신의 비즈니스를 현재 수준보다 더 나은 이상적인 지점으로 발전시킬 수 있게 된다.

기업성과를 최적화시키는 조언

기업의 성과를 최적화시키기 위해서는 컨설턴트의 조언이 중요하다. 컨설턴트가 실행하는 조언의 의미는 고객이 비즈니스에서 높은 성과를 창출할 수 있도록 전문가로서 견해를 지원하는 것이다.

프로젝트에서 조언의 의미를 정의하면 다음과 같다.
'고객 비즈니스의 진척 상황을 파악하고, 고객이 성과 창출 활동을 촉진시키는 방법을 선행적으로 관리할 수 있도록 설정하는 것'
컨설턴트가 프로젝트에서 조언을 활용하는 목적은 비즈니스 성과를 창출하기 위한 활동에서 비롯되는 문제점을 고객이 스스로 파악하게 하는 데 있다. 이러한 문제점들을 객관적으로 해결하기 위한 고객들의 활동이 지속적으로 실행되도록 돕는 것이다.

6모델에서 조언의 내용을 정리하면 다음과 같다.

정의	진척 상황의 파악 및 실행을 촉진시키기 위한 관리 체계의 재설정
Goal	활동 실행의 문제점을 파악하고 이를 해결하기 위한 행동을 유발시키는 것
주요 활동 확인	1. 고객의 생각과 고민에 공감하고 있습니까? 2. 고객이 실행하는 활동에 대해 고객과 상담하고 있습니까? 3. 고객의 활동이 성과가 나지 않을 경우, 그 원인에 대해 함께 생각하고 있습니까? 4. 고객의 활동이 보다 더 좋아질 수 있도록 구체적인 조언을 하고 있습니까? 5. 당신의 조언에 고객이 공감하고 있습니까?

▲ 6모델에서의 조언

컨설턴트 조언의 주요 활동은 다섯 가지로 설명할 수 있다.

첫째, 고객이 고민하는 문제에 공감하는 것이다.

고객은 비즈니스를 통해 성과를 창출하고자 노력한다. 그러나 실제 현장의 활동에서 그런 노력들이 항상 좋은 결과와 연결되는 것은 아니다. 경영 환경은 매우 많은 변수들이 작용하기 때문에 언제나 기회와 위기가 공존할 수밖에 없다.

이러한 환경은 컨설턴트가 보기에 굉장히 단순할 수 있다. 실제로 현장에서 활동하는 고객들의 입장에서 보면 그에 대한 정확한 해답을 찾는 것이 매우 어려운 경우가 많다. 때문에 컨설턴트는 항상 고객의 입장에 서서 생각하고 현실적인 문제점에 관한 공감대를 형성하는 것이 중요하다.

둘째, 컨설턴트는 고객이 실행하고 있는 활동에서 발생하는 많은 위협과 기회에 대해 자문이나 지원 요청을 받아야 한다.

고객 입장에서는 매우 까다롭고 어려운 상황이라도 컨설턴트 입장에서는 아주 쉽게 해결책을 모색할 수 있는 경우도 있다. 어떤 일을 추진하며 당사자가 객관적인 시선의 거리를 유지하는 것은 어느 분야에서나 결코 쉽지 않다. 옆에서 훤히 보이는 해결의 실마리들이 정작 고객 입장에서는 알아차리기 힘든 경우가 많을 수 있다. 이것은 마치 장기를 두는 상황과 비슷하다. 실제 장기판 앞에 앉은 당사자보다 옆에서 구경하는 사람들 눈에 더 많은 수가 보이는 것과 유사한 것이다. 이러한 이유로 컨설턴트는 고객이 자신의 비즈니스에 대해 수시로 조언을 요청할 수 있는 환경을 만들어야 한다.

셋째, 고객의 활동에서 성과가 나지 않을 때 컨설턴트는 그 원인에 대해 고객과 함께 생각해야 한다.

고객이 어떠한 행동을 통해 성과를 창출하려고 하지만, 그 결과물이 성과로 연결되지 않는 경우는 여러 가지로 정리할 수 있다.

즉 행동의 설정이 잘못되었거나 행동의 양이 부족했을 경우다. 이에 대해 컨설턴트는 체계적인 방법으로 그 원인을 고객과 함께 분석해야 한다.

넷째, 고객의 비즈니스 성과와 연결된 활동의 양을 증대시킴으로써, 결과적으로 활동의 질까지 높아질 수 있도록 구체적으로 조언해야 한다.

컨설턴트는 당면한 문제를 고객에 비해 객관적 시선을 유지하며 여러 각도로 조망할 수 있다. 고객이 알아차리지 못하는 세세한 사항들을 컨설턴트의 전략적인 경험과 지식체계로 다양하게 분석하다 보면 해결의 실마리가 보인다. 이때 컨설턴트의 조언에 따라 고객이 방향을 전환할 수 있다. 따라서 컨설턴트는 이런 객관적 조언을 통해 고객 활동의 변화를 이끌어내야 한다.

다섯째, 컨설턴트가 수행하는 고객의 활동에 대한 조언이, 고객으로부터 공감을 얻어야 한다.

이때의 공감은 대부분 사소한 활동에서 얻어지는 경우가 많다. 고객은 활동을 실행할 때 비즈니스를 최적화하기 위해 어느 정도의 기간을 지속해야 하는지 알지 못한다. 때문에 막연히 지속해야 한다는 데 상당한 부담과 어려움을 느낀다. 이러한 경우 컨설턴트는 자신의 경험을 부합해 고객의 상황에 맞도록 활동 기간에 대한 구체화된 수치를 제공해야 한다.

조언에 활용되는 고객 관리카드의 예시는 다음과 같다.

핵심고객 관리카드

개인 신상정보	성명	황XX	성별	남
	생년월일	1961.08.12	종교	무교
	주요 관심사	주식	고향	전북 김제
	결혼기념일	1990.05.24	자녀	아들 1명(대학생)
	취미	음악 감상	가족 생일	아내 11월 29일 / 아들 ??
	차종	2013년형 뉴○○○	주거지역	의정부 가능동
	좋아하는 음료	코코아	좋아하는 음식	파전, 육회 등
	주량	소주 1병	동호회 활동	등산 동호회
	성격 및 성향	성격이 급하고, 가격에 민감. 상품 교체 주기가 빨라, 신상품에 관심 보임		
거래처 정보	월매출	약 3,500만 원	월수익	약 550만 원
	주요 판매 아이템	벽지, 장판 등	선호 품목	중저가
	고객 관리 유무	관리 탁월. 단골 많음	판매 역량	의지는 강하나 스킬 부족
	주거래 은행	○○은행	친한 동종업계 사람	김XX
	1일 내점 고객 수	20명 내외	사장님의 꿈은?	전원주택 구입
	주요 경쟁사	A사	경쟁사 시장점유율	45%
영업활동 방향	현재 신뢰관계 단계	3단계로, 매우 양호	적정 방문 주기	주 1회, 오전 10시
	주요 이슈		반드시 해야 할 핵심 행동	선물 준비, 세일즈 스킬 전수, 거래처 관련 정보 준비 필수
	3개월 후 목표	월매출 5000만 원 이상으로 끌어올리기		

▲ 고객 관리카드 예시

결국 프로젝트에서 컨설턴트의 조언은 고객의 활동에 대한 진척 상황 파악 및 지속적인 실행을 촉진시키는 것을 의미한다. 이를 위해 컨설턴트는 고객의 고민과 상황을 명확히 이해하고 이에 공감할 수 있어야 한다. 컨설턴트가 먼저 고객의 상황에 대해 공감하고 있어야 고객 쪽에서도 컨설턴트의 조언을 활용할 수 있다. 그렇게 함으로써 자신의 활동을 더욱 강화하기 때문이다.

프로 컨설턴트의 코디네이션 시너지

프로 컨설턴트의 코디네이션은 고객과 함께 창출하는 시너지를 의미한다. 이것은 고객과 함께 여러 가지 각기 다른 움직임을 효율적으로 수행하는 능력을 말한다. 컨설턴트는 이러한 활동을 통해 시장에 공급하는 새로운 가치를 전달하고 실현한다.

▲ 고객의 가치 전달 프로세스

코디네이션은 '컨설턴트와 고객의 정보를 공유하여 새로운 가치를 창출하는 활동'이라고 정의할 수 있다. 즉, 고객과의 관계에서 새로운 가치를 창출하기 위해 요구되는 활동이 무엇인지를 명확히 하는 것이 코디네이션의 목적이다.

프로젝트에서 코디네이션이 지니는 가장 큰 의미는 프로젝트를 의뢰한 고객의 기대사항과, 그 프로젝트를 수행하는 컨설턴트의 수행 역량 간의 상호 조정을 통해 시너지를 창출하는 것이다.

이러한 코디네이션을 통한 프로젝트에서 고객과 컨설턴트가 서로에게 요구하고 있는 것이 명확하게 상호 인지된다. 더불어 상호 인지된 것들을 해결하기 위한 상세한 행동들이 설정되어야 한다.

6모델에서 코디네이션의 내용을 정리하면 다음과 같다.

정의	컨설턴트와 고객 간 정보 공유를 통한 시너지 효과 발휘
Goal	고객이 컨설턴트에게 요구하는 것과 이를 해결하기 위한 활동이 명확해진 상태
주요 활동 확인	1. 고객사를 위해 항상 유용한 정보를 가지고 방문을 하고 계십니까? 2. 고객이 당신에게 기대하고 있는 것에 대해 명확히 인식하고 있습니까? 3. 고객사를 위해 최근 시장 동향이나 정보를 수시로 전달하고 있습니까? 4. 고객에게 컨설턴트의 전략이나 실행안을 적절하게 전달하고 있습니까? 5. 고객의 성장을 위해 다른 거래처의 성공 사례를 전달하고 있습니까?

▲ 6모델에서의 코디네이션

코디네이션의 주요 활동들은 다섯 가지로 설명할 수 있다.

첫째, 고객의 비즈니스를 위해 항상 유용한 정보를 갖추고 방문해야 한다.

고객은 컨설턴트와의 잦은 만남보다는, 한 번을 만나더라도 자신에게 유리한 가치가 있는 만남이기를 원한다. 고객에게 컨설턴트는 수행하는 프로젝트에 대한 지식과 정보의 창과도 같은 의미다. 고객이 직접 모든 것들을 다 경험할 수 없기에 컨설턴트의 경험에 대해 비용을 지불하고 습득하는 것이다. 이런 사항을 인지해 항상 해당 고객에게 제공해야 하는 가치가 무엇인지 유념하는 과정이 요구된다. 따라서 그와 관련 있는 정보를 미리 준비해 고객과 대면해야 한다.

둘째, 고객이 컨설턴트에게 기대하는 것을 명확히 인식해야 한다.

사람들은 누구나 자신의 관점에서 다른 사람의 요구를 듣게 된다. 문제는 컨설턴트들도 자신이 습득한 지식과 기술의 관점에서 고객의 요구를 듣는다는 것이다. 때문에 고객이 요구하거나 기대하는 것을 인식하기보다는, 자신의 지식과 기술적 범위 안에서 활동하려고 하는 성향이 있다.

앞서 말했듯 컨설턴트 시장은 냉혹한 곳이다. 시장의 원리는 효율성을 바탕으로 이익과 손해의 테두리 안에서 전환하고 교환, 변

환된다. 경쟁이 치열한 이 세계에서 컨설턴트들은 수없이 생성 혹은 소멸하는 것이다. 그것이 어떤 분야이든 변별력 없는 습관적 전략으로 활동해서는 결국 소멸의 길을 걸을 수밖에 없다. 따라서 이러한 관습적 성향을 버리고 고객의 기대를 명확히 인지하고 그것에 부합하려는 노력을 해야 한다.

셋째, 고객사를 위해 최근 시장 동향이나 정보를 수시로 전달해야 한다.

시장에서는 많은 경쟁사들이 고객들을 선점하기 위해 치열한 경쟁을 벌인다. 이런 활동들을 기준으로 매일 또 실시간으로 새로운 정보가 발생한다. 이렇게 발생되는 정보를 수시로 고객들에게 전달하는 것이 컨설턴트의 역할이다. 정보는 정확하고 고객의 상황에 부합하는 것일수록 상승효과로 이어질 가능성이 높다. 어제의 정보는 오늘의 시점에서 보면 이미 효력을 잃을 수 있음을 기억해야 한다.

실시간으로 변화되는 시장의 동향을, 누구보다 빠르게 인지하고 고객에게 부합하는 것으로 활용하는 것도 코디네이션 과정에서 컨설턴트가 해야 하는 일이다.

넷째, 고객에게 컨설턴트가 가진 생각이나 앞으로 진행해야 하는 일정에 대해 정확하게 전달하는 것이다.

커뮤니케이션의 본질은 명확성이다. 컨설턴트는 프로젝트 진행에서 주도하는 입장에 서야 하므로, 전체적인 조망을 하지 못하면 고객에게 혼란을 줄 수 있다. 앞으로의 진행 계획을 제시하고 고객에게 부합하는 체계적인 정보를 명확하게 전달하는 능력을 구축하는 것도 컨설턴트의 몫이다. 이러한 코디네이션 활동을 통해 고객은 컨설턴트가 제시하는 방향에 대해 빠르게 이해할 수 있다.

코디네이션의 고객 연결카드 예시는 다음과 같다.

활동 테마	스마일카드
활동배경	1. 신규 이동 매장(고객층 확보의 어려움) 2. 홍보 및 고정고객 창출을 위한 활동의 필요성 3. 개인이 아니라 무역센터 지방시를 알려야 하는 상황(고객의 신뢰 획득 필요)
창출이 되어진 효과	신규고객 수 07년 동월 대비 9배 상승, 등급고객 수 07년 동월 대비 450% 향상
활동 프로세스	1. 효율화 : 스마일 카드 작성 시 상황별 문구 통일로 효율화 2. 즐겁게 업무: 오픈보드 관리 시 지루하지 않게 하기 위하여 스티커 모양과 크기를 달리하여 재미 추가를 통한 지속관리 가능 방법의 고안 3. 자발성 확대 : 오픈보드 리뷰에 의한 실행 여부 관리 담당을 점장 〉 소장〉 스스로 SELF-REVIEW! 4. 지속적 개선 : 스마일 카드 내용의 지속적 변화 최초 : 감사의 마음을 전달하는 감사의 편지 현재 : 감사의 마음과 함께 정보를 전달하는 정보매체

▲ 고객 연결카드 예시

마지막으로 고객의 성장을 위해, 고객과 비슷한 업종에 있거나 경쟁 상태에 있는 다른 기업들의 성공 사례들을 수집하고 정리해서 공유하는 것이 필요하다. 이러한 활동을 하게 되면 고객 쪽에서의 새로운 가치 창출에 대한 기대감이 상승하게 된다.

억대 수입
프로 컨설턴트
실전 컨설팅
사례

**PROFESSIONAL
CONSULTANT**

최후에 부르는
승자의 노래

프로젝트에서 가장 중요한 것은 정해진 시간 안에 일정한 성과를 내는 것이다. 아무리 좋은 프로젝트라 해도 서로 조정된 일정이 초과되거나 결과의 완성도가 낮다면 그 프로젝트의 의미는 퇴색된다.

가장 핵심은 컨설턴트들의 팀워크이다

정해진 시간에 일정한 수준의 결과물을 만들기 위해 가장 중요한 것은 프로젝트를 진행하는 사람들끼리의 팀워크이다. 아무리 어려운 프로젝트라 해도 진행하는 사람들의 팀워크가 좋다면 문제 해결은 그만큼 수월해지고 결국 원하는 결과물을 얻을 수 있다.

반대로 아무리 평범한 프로젝트라 해도 실제로 진행하는 프로젝트 팀원들의 팀워크가 약하다면, 당연히 그 프로젝트는 상당한 어려움을 겪게 된다. 결과물도 물론 기대에 못 미치거나 효율적 수준이 떨어지는 건 말할 것도 없다. 이것은 내가 그동안 경험을 통해 얻은 확신이다.

사실 이는 모든 일에 적용된다고 할 수 있다. 분열의 기운은 곧 분열의 파장을 낳는다. 더 좋은 결과일 수 있는데도 약한 팀워크에서 비롯된 파장이, 더 좋은 결과물로 갈 수 있는 기회를 잃게 한다.

대형 프로젝트일수록 리더의 역할이 중요하다

내가 진행했던 H자동차의 리더십 프로그램 개발 프로젝트가 있다.

두 개의 컨설팅 기관이 직급별 교육과정 15개를 개발하는 프로젝트의 하나였다. 시간은 8개월에 걸쳐 진행되며, 컨설턴트들만 해도 두 개 컨설팅 기관에서 총 20명 이상이 투입된 대형 프로젝트였다.

이런 대형 프로젝트의 경우, 그 프로젝트를 총괄하는 리더가 어떻게 리드하는지가 성과에 많은 영향을 미친다. 또한, 프로젝트를 운영하는 고객사의 TF 팀들의 성향도 마찬가지다.

이 프로젝트의 특징은 두 개 컨설팅 기관이 동일한 기간에 각각 6개 프로그램과 9개 프로그램을 만드는 내용이었다. 그 많은 양의 프로그램을 검수하고 관리하는 고객사의 TF 팀도 상당한 부담을 갖는 상황일 수밖에 없었다.

프로젝트가 진행되면서 두 개의 컨설팅 기관은 자연스럽게 경쟁의 구도로 들어섰다. 서로 더 나은 프로그램을 개발하기 위해 총력을 기울이는 것이다.

고객의 입장에서 본다면 조금이라도 더 높은 수준의 산출물을 만드는 게 무엇보다 중요한 목적일 것이다. 고객은 이를 위해 각각의 컨설팅 기관들이 내놓은 결과물에 대한 기대치의 좋은 점들을 두 개의 컨설팅 기관에 교차로 각각 제시했다. 이에 따라 좀 더 높은 수준의 결과물을 요구하는 미팅이 지속적으로 진행되었다.

프로젝트의 특성상 시간이 길어지면 루즈해진다

이런 형태의 프로젝트가 8개월에 걸쳐 진행되면서 우리 기관의 프로젝트 팀에 개발에 대한 부담이 가중되는 결과가 발생했다. 말 그대로 팀 전체에 내분이 일기 시작한 것이다. 종당에는 부담을 떨쳐내지 못하고 중간에 이탈하는 컨설턴트가 생겼다.

나는 프로젝트가 시작될 때 전체 8명의 컨설턴트 중 제일 나중에 합류했다. 다른 프로젝트 일정이 끝나고 참여하다 보니 먼저 시작한 다른 컨설턴트들보다 1개월 늦게 된 입장이었다.

프로젝트에 들어가 현황을 보니, 이미 프로젝트에 관한 부담은 가중되어 있었다. 프로젝트 리더가 팀원들이 힘들어하는 부분에 대해 조정의 한계를 느끼던 시점인 것이다. 3달 정도 지나면서 3명의 컨설턴트가 이직을 이유로 이탈했다. 그때까지 진행되었던 부분이 있어 나머지에 대해 남은 5명의 컨설턴트가 마무리를 해야 했다.

　모든 상황의 결과로 팀에 남은 컨설턴트들은 더 많은 어려움을 겪게 되었다. 다른 팀들의 도움을 받아가며 진행할 수밖에 없었고, 심지어 6개월이 진행된 시점에서는 프로젝트의 리더가 회사를 이탈하는 사태가 발생했다.

새로운 리더가 활력을 만든다

내용적으로는 리더의 개인 사정에 따라 어쩔 수 없는 상황이었다. 그러나 남은 사람들끼리 프로젝트를 마무리해야 하는 입장에서는 상당한 부담을 느낄 수밖에 없었다.

　프로젝트에 가장 늦게 참여한 컨설턴트인 내가, 전체 기간 8개월 중 6개월이 경과한 시점에서 이 프로젝트의 리더가 되었다. 프로젝트를 잘 마무리하기 위해 내가 중요한 포인트를 둔 부분이 남은 4명의 컨설턴트와의 팀워크였다. 가장 먼저, 이런 팀워크를 유지하려면 각 컨설턴트들이 자신의 생각을 최대한 자세하게 공유해야 한다고 생각했다.

　처음에는 기존 방법보다 세세한 부분까지 공유했다. 그러다 보니 자연스럽게 시간이 오래 걸렸고 밤늦은 시각까지 작업을 하는 경우가 많아졌다. 당연히 어렵고 힘든 과정이었다.

이렇게 한 달이 지나고 마지막 한 달이 남았을 때였다. 나를 포함한 나머지 4명의 컨설턴트들은, 서로 눈빛이나 표정만 봐도 무슨 생각을 하는지 알 수 있는 상태가 되었다.

지속적인 소통으로 프로젝트 전체를 바꾼다

나는 여기에서 멈추지 않고, 우리와 같은 프로젝트를 진행하는 경쟁 컨설팅 회사의 프로젝트 리더와 팀원들에게까지 이런 방식을 확대시켰다. 매주 정해진 시간에 정기적으로 별도의 미팅을 진행한 것이다. 이로써 그동안 경쟁하며 서로 힘들어했던 부분에 대해 우리가 먼저 상대방에게 정보를 공유하는 데까지 반경을 넓히게 되었다. 그리고 경쟁보다는 협력을 통해 프로젝트 마무리를 해야 한다는 의견을 강하게 제시했다.

내 제안에 처음에는 소극적이던 경쟁 컨설팅 기관도 시간이 지나면서 차츰 자신들의 정보를 공유하기 시작했다. 두 개의 기관이 프로젝트가 끝나가는 시점에서는 마치 하나의 기관처럼 서로 정보를 공유하게 되었다. 이를 통해 더 나은 결과물을 만들어가는 수준으로 바뀐 것은 물론이다.

이 방식으로 만들어진 결과물들에 고객사의 TF 팀들은 예상대로 만족감을 나타냈다. 결과물 수준이 높아지자 두 개 기관의 단점만을 지적하며 보완을 요청했던 고객사는, 오히려 두 기관 모두 높은 수준의 산출물이 제시되는 점에 대해 매우 만족스러워했다.

결론적으로 H회사의 15개 교육 프로그램을 개발하는 8개월 프로젝트는 정해진 시간에 정확히 마무리되었다. 이 프로젝트는 참여했던 두 개의 컨설팅 기관과 고객사까지 모두 만족해하는 매우 우수한 사례로 남았다.

최후까지 집중해야 성과가 창출된다

대형 프로젝트가 성공리에 마무리되면서, 이를 계기로 나 자신도 상당한 자부심을 갖게 되었다. 누가 봐도 어려운 프로젝트이고, 팀원 9명 중 5명이 이탈하고 마지막 두 달밖에 남지 않은 상태에서 리더를 맡았기에 더 애착이 갔다. 지금 생각해도 약 20명 이상의 사람들과 짧은 시간에 정보를 공유하고 또 서로가 원하는 부분을 모두 얻을 수 있었던 매우 특별한 프로젝트였다.

또한, 이 프로젝트를 통해 내가 얻은 큰 교훈도 있다. 아무리 어렵고 많은 사람이 동시에 진행하는 프로젝트라 해도 리더의 역할이 어떤가에 따라 일어나는 현상이 달라질 수 있다는 것이다. 가장 선두에 서 있는 그가 어떤 시도를 하고 무슨 역할을 해내느냐에 따라 그 성패를 판가름할 수 있다. 이로써 나는 프로젝트 리더가 정확한 의사소통을 통해 참여자 전원의 협력에 관한 팀워크를 잘 이끌 수만 있다면, 분명 높은 성과를 창출할 수 있다고 확신하게 되었다.

나는 이것을 팀워크를 통한 시너지라 생각한다. 게다가, 시너지는 우리 조직의 내부 팀원들 관계에서만 발생하는 것이 아니다. 고객사 담당자들과의 관계에서, 그리고 함께 경쟁의 길을 걷는 경쟁사와의 관계에서도 시너지 창출이 가능하다. 그 핵심에는 내가 먼저 정보를 공유하고자 하는 시도와 노력이 가장 중요한 요소로 자리하고 있다.

②
대리점과 본사의 상승효과

영업에서 대리점과 본사의 관계는 '불가원 불가근'의 관계라고 한다. 본사의 영업담당자가 대리점과 너무 친밀하면 회사 정책을 정확하게 반영하기 어렵다. 반대로 소원한 관계를 유지하면 대리점의 적극적인 시장 활동을 끌어내기 어렵게 된다. 즉 불가원 불가근, 이 말은 적당한 거리에 관한 언급이라 할 수 있다.

이런 말들이 나온 근본적인 이유는 무엇일까.

어떤 현상이든 혼자 독립적으로 일어나지 않는다. 두 개의 혹은 여러 개의 상태들이 만나 하나의 현상을 이룬다. 본사는 자사의 정책으로 대리점을 관리하려 하지만, 독립 사업자인 대리점은 시장 활동에서 이익을 극대화하는 쪽으로 움직이기 마련이다. 때문에 정책적인 부분보다는 현장에 빠르게 대응하여 조금이라도 더 많은 매출 이익을 발생시키는 것을 최상의 목표로 한다.

또, 본사의 경우 대리점이 고객들에게 더 가깝게 있고, 고객들의 반응을 가장 민감하게 체크하기 때문에 회사 정책만을 고집하기 어려운 입장이다. 대리점 쪽도 본사와의 관계에서 비즈니스에 많은 영향을 받기에 무턱대고 지금의 이익만을 고집할 수는 없다.

시장에서 점유율 1위 제품군을 보유하고 있는 L전자의 경우를 보자.

L전자는 제품의 특성상 대리점을 통해 시장을 관리하는 구조를 적용하고 있다. 대리점 특성으로 본다면 고가 제품을 취급하기에 1개 대리점 연간 매출액이 수십억 원에서 수백억 원까지의 규모에 이른다.

L전자는 시장에서 경쟁사와 치열한 시장 점유 경쟁을 하고 있다. 이러한 경쟁에서 우위를 선점하기 위해서는 대리점의 영업 활동이 중요하다. 하지만 대리점들은 당장의 매출이익만을 추구한다. 때문에 장기적인 관점에서 전략적인 영업 활동을 하는 데에는 익숙하지 않았다.

심한 경우 동일한 고객사의 계약을 수주하기 위해 L전자의 두 개 또는 세 개 대리점이 동시에 경쟁을 하는 상황까지 발생하기도 했다. 이런 결과로 전체적인 시장 관리력이 점차 낮아지는 추세였다.

이 문제점을 개선하기 위해 대리점 쪽에 전략적인 영업 활동을 지원할 수 있는 방안을 제시했다. 대리점 영업 실행력 향상 프로젝트를 실행한 것이다. 본사의 입장에서 수백 개에 해당하는 대리점을 대상으로 실행력 프로젝트를 한다는 것은, 결국 상당한 비용을 지급해야 하는 일이므로 큰 부담일 수밖에 없다.

하지만 이런 부담을 떨치고 과감한 비용 투자로 대리점을 위한 컨설팅을 단행했다. 우선은 파일럿 대리점을 선정하고 실행력에 대한 방법론적인 부분을 5개 대리점을 대상으로 진행했다. 예상했던 것보다 훨씬 더 좋은 결과가 나왔다.

프로젝트를 시행한 TF 팀장은 처음에 이러한 투자의 실질적인 성과가 나올지 많은 의문을 가졌다. 이제까지 한 번도 본사 조직이 아닌 대리점 영업 실행력 향상에 비용을 투자한 적이 없기 때문이었다. 그는 이 프로젝트 파일럿의 좋은 결과로 운영에 대한 자신감을 가졌다. 이런 분위기가 반영되어 대리점을 대상으로 본격적인 실행력 향상 프로젝트가 진행되었다.

우선순위로 본사에서 중요도가 높은 50개 대리점이 프로젝트 대상이 되었다. 기존에는 장기적인 관점에서 전략적으로 영업을 하기보다 특정인이 특정 고객들을 대상으로 매출과 이익을 추구하는 경우가 많았다. 이렇게 매출과 이익에만 매달리는 영업을 지속적으로 하다 보니 시장 경쟁력이 약화될 수밖에 없었다. 그 여파로 경쟁사 대리점에 밀리거나 대리점 운영을 포기하는 경우가 발생하기도 했다.

영업 실행력 프로그램을 도입하면서 변화가 일었다. 전략적인 영업 활동이 어떻게 성과로 연결되는지 정확히 파악하고 이해할 수 있게 되었다. 바로 전략적 영업에 눈을 뜨게 된 것이다. 대리점을 관리하는 영업사원들 입장에서도, 대리점을 방문해 무엇을 컨트롤해야 하는지 명확해졌다.

결국, 본사가 해야 하는 부분을 대리점이 자체적으로 처리하는 시스템이 실행되었다. 이 프로젝트에 참여한 대리점들의 매출이익이 확연하게 상승했다. 참여하지 않은 대리점들과 비교해 평균 30% 이상의 높은 성장률을 보였다. 매출액이 성장하자 자신감을 가진 대리점들은 좀 더 적극적으로 민간기업들을 대상으로 전략적 영업 활동을 실행하기에 이르렀다.

결과는 놀라웠다. 당시에는 다른 모든 전자회사들이 성장을 하지 못하는 시기였다. 유일하게 L전자의 대리점들이 평균 두 자릿수 성장을 구가하였고, 대리점과 본사의 상승효과는 점점 더 커졌다.

L전자 사례에서 얻는 교훈은 본사와 대리점이 서로 상생할 수 있는 방법을 찾아야 한다는 것이다. 그래야 대리점이 현장에서 활발하고 전략적인 영업을 할 수 있다. 따라서 본사의 영업사원은 대리점과의 관계에서 어떤 방식으로 컨트롤할 것인가에 대한 고민이 있어야 한다.

본사와 대리점의 관계는 서로 상승효과를 낼 수 있는 구조가 가장 효과적이라 할 수 있다. 다시 말해 대리점 스스로 활동을 좀 더 전략적으로 실행하고, 본사의 영업사원들이 이를 지속적으로 지원할 수 있는 체계를 갖추어야 한다.

'보이는 시스템' 구축

대부분의 사람이 일에서 느끼는 공통적인 특징 세 가지가 있다.

첫째, 자신의 일에 쉽게 싫증을 낸다.

둘째, 어떠한 일이든 좀 더 편안한 쪽을 추구한다.

셋째, 자신이 해야 하는 일들을 쉽게 잊어버린다.

우리가 업무에 임할 때, 이 세 가지 특징만 잘 관리하면 자신의 일에서 생산성을 두 배까지 올릴 수 있다. 하지만 이 요소들을 잘 관리한다는 것은 매우 어려운 일이다. 때문에 누구나 알고 있거나 실행하는 것과는 조금 다른, 즉 특별한 방법으로 이 세 가지 특징을 한꺼번에 개선하는 것이 좋다.

프로젝트에서의 비주얼 플래닝

비즈니스에서 개선에 관한 특별한 방법으로 제시되는 것은 비주얼 플래닝(Visual Planning)이다. 이는 모든 업무를 눈에 보이게 관리하는 방식을 뜻한다. 이 방법으로 일의 결과가 아닌 진행해가는 과정을 관리한다면, 눈에 보이지 않는 방법으로 관리하는 것보다 훨씬 효과적일 수 있다.

앞서 말한 대로 사람들은 자신의 눈에 보이는 일들에는 즉각적으로 반응하는 특징이 있다. 때문에 싫증 내고, 편안함을 추구하고, 잊어버리는 세 가지 특징에 이 방법을 적용하면 미리 방지할 수 있다.

D사의 비즈니스에 대한 프로젝트를 예로 들어보자.

물류 자동화 제품 및 광학 제품을 제조해 판매하는 D사는, 기업 고객들을 대상으로 복잡한 구조의 제품들을 제안과 입찰 등의 영업방식으로 판매한다.

프로젝트를 진행할 당시 D사는 경쟁사와 가격경쟁이 심화된 상태였다. 고객사의 요구가 점점 더 까다로워져 기술적인 부분에서 생산 부분까지 모두 대응을 해야 했다. 그러다 보니 전체 공정에서 비용 증가로 사업의 이익구조가 나빠진다는 문제점이 있었다.

매출을 올리는 과정이 점점 더 치열해지고 사업에서의 이익구조가 악화되는 현상이 반복되었다. 자연스럽게 이것에 관한 대안의 모색이 어려워지는 것은 물론이다. 이에 따라 현장에서 활동하는 영업조직의 분석과 대안 마련 등 업무에 대한 부담이 증가했다.

어려움이 점점 더 심해지면서 오랜 시간 함께 근무하던 직원들이 회사를 이탈하는 일들이 발생했다. 때문에 남아 있는 직원들의 업무량과 강도가 더욱 높아지는 악순환이 되풀이되었다.

문제점을 해결하기 위한 비즈니스 프로세스 개선 프로젝트가 시작되었다. 이 비즈니스를 통해 기존의 영업조직 업무를 프로세스로 체계화하고, 그 체계화된 과정을 모두 눈에 보이게 관리했다. 프로젝트의 최종 목표는 불필요한 업무를 줄이고 꼭 필요한 업무를 적시에 추진함으로써 성과를 높이는 것이었다.

프로젝트 초기에 D사 영업조직의 구성원들은, 시행되는 프로젝트에 대해 아무런 기대감이 없다는 반응을 보였다. 오히려 자신들에게 업무 부담만 추가되었다는 의견이 더 많았다. 또한, 이러한 일들을 한다고 해서 구조적으로 어려움을 겪는 자신들의 비즈니스 환경이 나아지겠나 하는 생각에 냉소적인 모습으로 일관하기도 했다.

초반에는 영업조직 전체가 참여하는 워크숍을 통해 프로젝트의 방향성을 공유했다. 그리고 그것의 필요성에 대한 부분을 공지했다. 컨설턴트들의 생각보다 D사 직원들의 변화는 아주 더디게만 일어났다. 프로젝트가 시작되고 매주 토요일 6시간의 전체 워크숍과 현장 지도를 실시했지만, 업무가 바쁘다는 핑계로 불참하는 직원들이 많았다. 참석을 해도 적극적으로 자신의 업무에 반영하려 노력하기보다는 어떻게 되는지 보겠다는 방관자의 자세가 컸다.

이런 직원들과 함께 6개월 과정의 프로젝트를 하면서 느낀 것이 있다. 바로 사람들의 고정관념이 얼마나 무서운가 하는 것이다. 직원들은 회사에서 자신들에게 계속해서 많은 업무를 부여한다는 생각밖에 없었다. 이번 프로젝트도 그와 같은 업무의 하나라 여기는 듯했다.

프로젝트 동참에 소극적이기만 했던 직원들의 생각을 바꾸는데 4개월이 소요되었다. 냉소적이던 직원들의 태도가 시간이 지남에 따라 조금씩 변화하기 시작했다. 교육에 제시된 내용들을 컨설턴트들이 직접 참여해 직원들과 함께 실행한 것이다. 필요 없는 일을 축소하고 꼭 필요한 일을 간소화하는 진행 과정을 자신들이 직접 경험하고 난 뒤의 변화였다.

이는 프로젝트 시작 후 4개월이 지나면서부터 효율적으로 변화할 수 있다는 자신감으로 작용했다. 프로젝트에 참여한 전체 직원들과 컨설턴트들의 생각이 조금씩 맞아 들어갔다. 변화는 직원들의 업무를 눈으로 보이게 관리함으로써, 업무의 낭비를 줄이게 되는 실질적이고 가시적인 결과를 만들어냈다. 또한 이에 대한 성과를 더 크게 만들 수 있다는 확신을 직원들에게 부여하는 역할을 했다.

프로젝트가 예정했던 6개월 차에 접어들었다. 공통적인 자신감이 공유되면서 직원들 스스로 자신의 업무 프로세스 개선 사항들을 정리해나갔다. 그리고 그 변화의 수준을 측정해, 자신들의 업무에 어느 정도 변화가 있었는지 공유하는 단계에까지 이르렀다.

6개월이 지나 프로젝트가 마무리되고 성과 발표회 자리를 가졌다. 모두 함께 진행하고 과정과 결과물을 공유했던 프로젝트였기에 의미가 더 컸다. 프로젝트에 참여했던 4개 팀 전체가 자신들의 변화 사항을 정리해서 발표하는 일에 상당한 자신감을 가졌다. 그 모습은 6개월 전과 비교하면 정말로 놀라운 변화라고 말할 수 있었다.

놀라운 변화는 또 있다. 프로젝트를 진행한 후 1년이 지난 지금도 D사의 영업조직은 자체적으로 자신들 업무에 대해 눈에 보이는 관리를 지속하고 있다는 것이다. 이를 통해 업무 생산성을 두 배의 수준까지 높이고 있다. 이 변화의 핵심에는 '눈에 보이는 시스템 구축'이 자리한다.

어떤 조직이든 새로운 시스템을 도입하는 데는 많은 저항이 따른다. 특히 조직이 어려움을 겪고 있는 상황에서는 저항의 폭이 더 크다. 나는 이런 사실들을 수많은 컨설팅 경험으로 알게 되었다. 하지만 저항이 큰 조직일수록 개선의 효과도 그만큼 크다. 물론 효과적인 결과를 얻는 것은 그 저항을 극복해야 가능한 일이라는 조건이 따른다.

노력으로 만드는
운칠기삼

'운칠기삼(運七技三)'은 사람이 살아가며 일어나는 모든 일의 성패가 운에 달린 것이지, 노력에 달려있는 것이 아니라는 말이다. 그러나 노력으로 운칠기삼이 갖는 의미를 바꿀 수 있다는 게 내 생각이다.

프로젝트에서 중요한 포인트는 고객의 정확한 요구사항들을 찾아내는 것이다. 이때 조사 분석에서 컨설턴트가 주목해야 할 것은 '시장을 상대로 무엇을 조사해야 하는가?' 하는 점이다.

자동차 산업의 경우 신차를 개발하는 데 평균 30개월 이상의 시간과 3천억 원 이상 개발비가 소요된다. 때문에 신차 마케팅 결과는 회사의 경영에 직접적인 영향을 주는 매우 중대한 사항이다.

프로젝트에서 고객은 숨은 요구를 품는다

프로젝트 내용에 따라 조사 분석의 방법은 그 성격이 매우 달라질 수 있다. 내가 프로젝트를 진행했던 'S사'는 신차를 출시한 후 6개월 만에 경쟁사의 신차가 출시된 상황에 놓여있었다. 때문에 판매의 어려움을 겪는 마케팅 문제를 해결하고자 프로젝트를 진행하게 된 것이다.

프로젝트 목적은 경쟁사와 고객사의 신차 판매 경쟁에서, 고객사가 뒤지는 시장 점유율을 회복하는 방안을 개발하는 것이었다. 이를 위해 무엇보다 자동차의 성능을 중심으로 한 자료 조사와 분석이 필요했다. 나는 방대한 시간을 들여 수많은 자동차의 성능과 관련된 자료를 분석해야 했다. 이것을 토대로 경쟁사 자료와 비교해 자사 제품의 강점을 찾으려 한 것이다.

조사 분석의 오류가 문제를 더 어렵게 만든다

프로젝트를 시작하면서 고객사 자동차의 영업상 특장점을 반영한 세일즈 토크를 개발하려 노력했다. 한 달이 넘는 시간을 들여 조사 분석하는 데 전력을 다했다. 그런데 분석 작업 끝에 나온 결과가 너무 황당했다. 당시 프로젝트를 진행하는 고객사 자동차의 주요 성능이 경쟁사 차종에 비해 절대 열세에 있었다. 이 자료를 바탕으로 고객사 주요 임직원들에게 조사 분석의 결과를 보고했다. 고객사인 우리 자동차가 경쟁사에 비해 대부분 성능이 열세이고 상대적인 특장점을 찾기 어렵다는 내용이었다.

　나는 이 문제를 해결하기 위해서는 단지 영업적인 차원에서만 접근하기보다는 기술과 성능까지 포함한 자동차의 전체적인 수준에서 개선점을 찾는 것이 필요하다는 의견을 제시했다.

조사 분석 결과에 대한 고객의 싸늘한 반응

조사 분석 결과를 고객사 임직원들과 공유하고 난 뒤, 이어지는 반응이 나는 너무 당혹스러웠다.

　당시 보고를 받은 고객사 임원이 이렇게 말했다.

　"프로젝트 팀에서 보고한 내용은 이미 우리가 아는 것이다."

　이 말은 즉 현재 판매 부진에 대한 문제 해결 범위가 너무 광범위하기에, 그에 대한 대안으로 범위를 좁혀 영업 차원에서 해결책을 찾으려 한다는 것이었다. 당시 프로젝트의 목적은 처음부터 '신규 출시된 자동차의 판매 부진에 대한 영업적인 해결책을 찾는 것'으로 설정되어 있었다. 이러한 고객의 숨어있는 요구사항의 의미를 파악하지 못한 나는, 광범위한 조사 분석으로 프로젝트에 할애된 소중한 시간을 낭비했던 것이다.

다시 시작하는, '시장을 상대로 무엇을 조사해야 하는가?'

이렇게 시행착오를 거치고 난 뒤 나는 상당히 혼란에 빠졌다. 전체

6개월 프로젝트에서 1개월 동안 진행한 조사 분석 결과가 고객이 예상한 기대치와 요구사항과는 전혀 다른 방향으로 진행되었기 때문이다.

프로젝트 성공을 위해 조사 분석의 방식을 혁신적으로 바꿀 수밖에 없었다. 더 이상 해결할 수 없는 난관에 직면했을 때 가장 현실적이고 좋은 방법은 처음으로 돌아가 다시 시작하는 것이다. 이때 고객의 예상치나 요구사항에 대한 충분한 의미 파악과 이해가 동반되어야 함은 물론이다. 그렇지 않으면 이전과 비슷한 상황이 반복될 수밖에 없다.

당시 내가 진행한 프로젝트에서 가장 중요한 점은 고객사의 요구를 충족시킬 수 있는 영업적인 해결책을 찾는 것이었다. 여기서 영업적인 해결책이라는 것은 고객과 직접 접촉하는 '영업사원들의 실적을 증대시킬 수 있는 도구를 만드는 것'이다.

조사 분석을 통한 혁신적인 해결안 개발

해결안 개발이라는 결과를 도출하기 위해, 우선 국내시장과 가장 가까운 일본 자동차 시장의 영업 현황을 벤치마킹하기로 했다. 이는 최고의 경쟁력을 가진 상대의 전략과 강점을 파악하고 분석해 고객사의 제품 개발이나 아이디어 창출에 효과적으로 활용하는 작업이다.

나는 일본 닛산자동차의 신차 출시 자료를 중심으로 벤치마킹

포인트를 조사해나갔다. 닛산 자동차의 신차에 대한 영업 매뉴얼을 세부적으로 분석하고 국내시장에 접목시킬 수 있는 핵심 포인트를 찾았다. 그리고 고객사에는 신차가 출시될 때 현장의 영업조직이 활용할 수 있는 차종별 영업 매뉴얼이 없다는 점을 확인했다. 이에 대한 개선책으로 전체 윤곽은 닛산 자동차의 매뉴얼을 참고하되, 내용은 철저하게 우리나라 소비자 성향에 맞추어 차종별 영업 매뉴얼 개발을 시작했다.

결국 소비자를 가장 잘 아는 사람에게 답이 있다

당시 우리나라의 자동차 업계에서는 제작된 사례가 없는 차종별로 영업 매뉴얼을 개발하는 쪽으로 방향을 설정했다. 가장 중요한 것은 우리나라 소비자들 특성을 차종별 영업 매뉴얼에 반영하는 것이었다. 이러한 작업을 위해서는 우리나라 소비자들의 특성을 잘 아는 사람이 필요했다. 고객사에서 소비자들에 대해 가장 잘 아는 사람은 바로 자동차를 판매하는 영업사원들이었다.

나는 고객사 영업사원 전체를 대상으로 설문을 진행했다. 소비자들이 자동차를 구매할 때 가장 많이 문의하는 내용을 파악하고 그에 대해 우선순위를 부여했다. 또 전체 영업사원들 중 우수한 성과를 발휘하는 상위 5%의 우수 사원들을 대상으로 일대일의 심층인터뷰(In-depth Interview)를 폭넓게 진행했다. 이런 방법을 중심으로 고객 유형별 특장점(Unique Selling Point)을 만들어냈다.

이렇게 진행된 조사 분석 자료를 기반으로 고객 유형에 따라 자사 자동차의 특장점(Unique Selling Point)을 매칭시키는 새로운 방식의 매뉴얼을 개발했다. 이렇게 개발된 매뉴얼은 전체 영업사원들에게 교육을 통해 전파하는 것으로 전략을 세웠다.

프로젝트 결과는 성공적이었다. 고객사의 자동차 시장 점유율은 1년 만에 판매량이 30% 이상 신장했다. 이는 전체 시장의 MS에서도 두 자릿수 증가를 가져왔다. 성능이 판매를 결정짓는 자동차 시장에서 고객들의 눈높이에 맞춘 조사 분석의 실행 결과가 모든 사람들이 깜짝 놀랄 만큼의 성과를 낸 것이다.

결국, 프로젝트에서 컨설턴트가 가장 집중해야 하는 것은 무엇을 분석해야 하는가이다. 정확한 방향 설정과 분석의 결과는 위의 예처럼 놀라운 변화와 차이를 만들어낸다.

⑤ 멘탈이 결정하는 퍼포먼스

유통에서 제품을 판매하는 면으로 보자면, 고객들이 가지는 정보가 많으면 많을수록 더욱 어려워진다. 예를 들면 스마트폰이 대중화되면서, 고객들은 구매 현장에서 바로 스마트폰을 이용해 정보를 검색하고 비교한다. 이것은 서비스나 기능, 제품의 가격을 실시간으로 고객이 알 수 있다는 말이다. 따라서 고객은 언제라도 가장 경쟁력 있는 제품을 선택할 수 있다. 판매자의 입장에서는 고객이 제품의 정보를 많이 보유할수록 그만큼 판매가 어려워진다.

IT 기술의 발달은 매장에서 고객을 상대하는 직원들에게 상당한 스트레스의 원인이 된다. 이전과는 다르게 상품에 대한 정보를 제공할 때, 정확한 정보를 즉시 제공하지 못하면 고객의 신뢰를 얻을 수 없기 때문이다.

유통에서 고객들에게 상품을 판매하는 것은 결국 자신의 신뢰를 파는 일이라 할 수 있다. 이는 고객들이 짧은 시간에 상품을 구매하면서도 자신이 신뢰하는 사람에게 물건을 구매하길 원하기 때문이다. 어떤 분야이든 고객의 신뢰감이 형성되는 데에는 그리 긴 시간이 필요하지 않다. 단 몇 초가 신뢰를 형성하고 구매로 이어지는 결과를 만들기도 한다. 따라서 판매자는 제품에 대한 정확한 정보를 고객보다 먼저 그리고 상시 갖추고 있어야 한다.

하나의 예로 당신이 자동차를 구매한다고 가정해보자. 자동차의 경우는 대부분의 사람들에게 아주 중요한 '고 관여 상품'이다. 고 관여 상품의 특성상 고객들은 까다로운 정보 탐색을 통해 구매 결정을 하게 된다.

당신에게 자동차를 판매하려고 하는 두 사람이 있다고 해보자. 이 두 사람이 제공하는 차종은 동일하고 가격과 모든 판매 조건이 동일하다. 당신은 어떤 사람에게 자동차를 구매하겠는가? 보편적으로 답은 하나다. 당연히 당신에게 좀 더 신뢰를 제공한 판매자에게 자동차를 구매할 것이다.

고객들은 누구나 전문가와 거래하고 싶어 한다. 특히 특정한 상품을 구매하는 경우 그 상품을 판매하는 직원들이 전문적인 지식을 갖추고, 잘 이해할 수 있도록 설명한다면 고객들은 지금 당장 필요하지 않은 상품을 구매하기도 한다.

반대로 지금 당장 꼭 필요한 상품을 구매하기 위해 매장에 간 상황도 있다. 상품을 소개하는 직원이 설명을 제대로 하지 못하거나 고객이 아는 정보와는 다른 잘못된 정보를 제공할 수도 있다. 이때 고객인 당신은 당장 필요한 상품의 구매를 나중으로 연기하거나 구매 장소를 바꾸게 된다.

유통기업의 경우 고객들이 상품에 대한 정보가 많아질수록, 그들을 상대하는 직원 역량에 따라 접점매출이 확연하게 달라진다. 여기서 가장 중요한 것은 판매 현장에서 활동하는 직원들의 판매 역량에 관한 접근이다. 그 중심에는 현재 판매 역량을 경쟁사와 비교해 얼마나 높게 끌어올리고 유지하는가의 문제가 있다.

내가 프로젝트를 진행했던 H사의 경우를 보자. H사는 여러 회사의 제품들을 매장에서 판매하는 구조였다. 직원들은 넓은 매장에서 특정한 카테고리나 구역을 할당받아 그 상품에 대한 고객의 문의가 있을 때 설명을 통해 판매했다.

프로젝트를 시행하자 가장 큰 문제가 도출되었다. 직원들 대부분 판매 방식이 자신들이 잘 아는 상품을 중심으로 고객들에게 추천하는 식으로 이뤄진다는 것이었다. 또한 고객이 상품에 대한 문의를 하면, 그 상품을 설명하기보다는 자신이 잘 아는 상품으로 전환해 설명하는 경우도 많았다. 이러한 판매 방식 때문에 고객들은 매장 직원들에게 신뢰를 가지기 못했다. 오히려 직원의 안내를 거절하고 혼자 쇼핑을 한 다음 매장을 나가는 일도 있었다.

문제점을 개선하는 데 가장 포인트가 된 것은 직원들의 마인드를 바꾸는 일이었다. 자신이 아는 상품을 설명해 판매하는 것이 아니라 고객들이 필요로 하거나 요구하는 상품에 집중할 필요가 있었다. 가급적 정확한 수준의 정보를 제공함으로써 고객들과 신뢰를 구축하는 것이 우선이었다.

매장의 직원들은 고객이 원하는 요구를 경청하고 그것에 대한 정확한 정보를 제공해야 한다. 고객들이 구매를 원할 수 있는 수준으로 자연스럽게 진입시키고, 이를 통해 판매를 완성하는 것이다.

여기서 중요한 것은 고객의 요구사항이다. 즉, 고객이 무엇을 원하고 어떤 상품에 관심이 있는가에 초점을 맞춰야 한다. 그러나 매장에 근무하는 직원들은 고객의 요구에 응하기보다는 빨리 원하는 상품을 판매하는 데 주력해왔다. 상품에 대한 설명은 간단히 하고 설득을 시작해서 판매로 연결시키는 시도에만 급급했던 것이다.

고객들은 쉽게 설득당하지 않는다. 상대방에 대한 신뢰가 없으면 정중히 요구를 거절한다. 한 번 거절당한 판매 직원이 다시 그 고객을 설득하려면 처음보다 세 배에 가까운 설명을 해야 한다. 직원 입장에서 본다면 고객이 거절한다는 것은 자신의 비즈니스가 매우 어려워지고 있다는 것이다.

실제로 판매에서 높은 성과를 내는 직원들은 설명을 잘하는 사람들이다. 다시 말해 상품 판매를 잘하는 우수한 직원의 경우에는 천천히 설명하며 급하게 설득으로 들어가지 않는다. 고객이 자신의 설명을 충분히 이해했는지 확인하고 그를 통해 바잉 시그널

(Buying Signal)을 찾는다. 비즈니스에서 바잉 시그널은 고객의 심리적 변화에 대한 신호를 말하며, 이는 여러 방식으로 나타난다. 우수한 직원은 고객이 보내는 그 미묘한 신호의 포인트를 포착해 상대를 충족시킬 수 있는 방식으로 설득을 시도한다.

매장 판매직원들의 특징은 판매가 부진한 직원일수록 고객을 상대로 너무 빨리 설득에 들어간다는 것이었다. 고객 설득을 통해 판매를 완성하는 비율도 상대적으로 낮다. 반면 높은 성과를 내는 직원들의 경우 설명을 충분히 한 다음 아주 조심스럽게 설득으로 들어간다. 일단 설득에 들어가면 판매를 완성하는 비율이 매우 높다. 결국 매장에서 고객들과 직접적으로 접촉하는 직원의 마인드에 따라 매출의 상당 부분이 영향을 받는다고 볼 수 있다.

이러한 분석 결과로 직원들의 상담에 대한 마인드를 강화하는 프로그램을 개발했다. 이를 통해 전 사원들에게 프로그램을 운영한 결과, 매장의 매출액이 기존과 동일한 조건임에도 두 자릿수로 상승되는 효과를 거뒀다. 결론적으로 말해 중요한 점은 직원들 마음가짐이 업무성과의 가장 큰 포인트가 된다는 것이다.

작은 시작
큰 성과

우리나라의 시장 구조는 대기업들이 활동하기에 좀 더 유리한 구조를 갖추고 있다. 이러한 구조는 '규모의 경제', 즉 경제적 규모가 큰 기업을 중심으로 하는 원가경쟁력이 시장의 경쟁 논리에 강한 영향을 주기 때문이다. 현실적인 문제점을 줄이기 위해 항상 중소기업들을 육성해야 한다는 의견들이 강하게 대두되지만, 대기업 의존도는 좀처럼 줄어들지 않고 있다.

현재 대기업들은 우리나라의 중요 비즈니스의 중심에서 막강한 영향력을 발휘하고 있다. 그리고 대기업들의 중심으로부터 1차 하청, 2차 하청으로 내려갈수록 중소기업들이 가지는 매출과 이익의 구조는 점점 줄어든다. 이러한 영향이 원인이 되어 해당 조직에서 근무하는 직원들의 보상 수준도 현저하게 낮아질 수밖에 없다.

사회적인 여론은 문제점을 줄이기 위해 항상 중소기업들을 육성해야 한다고 목소리를 높인다. 그러나 국가 간의 경쟁이 치열하게 전개되는 비즈니스 상황에서 쉽지 않은 일이다. 현재 경쟁력을 유지하거나 더 강화해야 한다는 당연한 이유 때문에 우리나라의 대기업 의존도는 줄어들지 않는다.

이러한 현상은 유통에도 그대로 작용하고 있다. 지역 상권들도 이전의 작은 점포와 시장 중심 거래에서 지금은 대형마트와 대형쇼핑몰들 중심 거래로 변화되었다. 우리 주변의 많은 것들이 대형화되면서 자연스럽게 비즈니스에서 규모의 경제를 선호하게 된 것이다.

하지만 작은 규모의 사업을 하면서도 경쟁력을 강하게 유지하는 강소기업들도 있다. 그들은 자신들만의 노하우를 구축해 시장에서 지속적으로 성장한다. 앞으로 SNS와 IT의 지속적인 발전이 규모의 경제를 추구하는 우리나라 기업 시장 규모를 작고 강한 조직의 단위로 변화시킬 것이라 예상된다.

A기업은 매출액 300억 규모의 작은 마케팅 회사이다. 이 회사는 마케팅 조직의 지속적인 역량 개발과 틈새시장 공략으로 3년 만에 매출액을 두 배로 성장시키는 성공 사례를 만들었다.

중소기업이 갖는 가장 큰 고민은 자신의 회사에 소속된 직원들의 역량이다. 작은 기업에서 근무하는 직원들은 조직적인 지원이나 시스템이 완벽히 갖춰지지 않은 상태에서 업무를 처리해야 한다. 따라서 큰 규모의 조직에서 일하는 직원들보다 더 많은 역량을 요구받는다.

실질적으로 이러한 역량을 발휘할 수 있는 직원들을 선발하는 데 많은 한계가 있기 마련이다. 때문에 A기업은 직원들의 마케팅 역량을 개발하는 데 지속적으로 투자한다. 1차 교육은 기업 실적에 직접적인 영향을 주는 영업조직 직원들을 대상으로 이루어진다. 업무시간 이외의 시간을 활용하여 연간 40시간의 직무역량 교육을 실시하는 것이다.

교육의 효과는 항상 점진적으로 나타난다. 즉, 교육을 한다고 해서 즉시 매출액이 상승되거나 영업사원들의 역량이 눈에 띄게 상승되는 것은 아니라는 말이다. 하지만 이런 교육을 통해 직원들은 업무를 체계적으로 진행하게 되고 내부의 업무 커뮤니케이션에서도 일관성을 가진다.

이런 단계를 거쳐 2차년도에는 영업을 포함한 마케팅과 관리 직원들까지의 역량을 체계적으로 개발할 수 있는 '역량 개발 체계'를 구축했다. 이를 기준으로 전체 직원들이 약 80시간의 직무교육을 소화하게 되었다. 업무를 하면서 80시간의 교육을 소화한다는 것은 상당한 부담이다. 그러나 이러한 과정을 통해 전체 직원들의 업무에는 상당한 발전을 가져온다.

2년에 걸친 직원들의 역량 개발에서 비롯된 효과는 3년 차가 되면서 직접적으로 나타난다. 회사 업무의 효율성이 눈에 띄게 향상되고 체계적인 업무 처리가 자리 잡게 된다. 이때 나타나는 현상 중 하나로 중소기업 직원들이 뛰어난 역량을 보이는 상황에서 발생하는 이직의 문제를 들 수 있다.

A기업은 자체적으로 직원들의 역량을 개발하면서 이와 함께 업무를 추진하는 방식을 취했다. 이에 따라 업무 강도가 자연히 높아지고 또 중소기업 특성상 높은 수준의 보상을 하기가 어려운 실정이었다. 때문에 쉽게 다른 기업들의 스카우트 제의에 흔들리는 경우가 많았다.

A기업의 경우 이런 현실에 직면하면서 3년 차 직원들의 이직이 늘어나는 현상을 보였다. 이를 보완하기 위해 3년 차에는 직원들에게 비전 제시를 통해 동기부여를 하는 데 집중했다. 시장을 선도하는 기업으로 직원들이 해야 하는 일에 대해 컨설팅을 도입해, 각 팀 단위의 맞춤 컨설팅을 운영했다. 업무 문제를 해결하고 기업이 이룬 성과와 연동해서 직원들의 보수 체계를 순차적으로 개선하려는 것이다.

이와 같은 노력을 3년간 지속한 결과 총매출액을 단기간에 두 배로 성장시키는 성과를 이루었다. 또 이 성과를 직원들과 함께 나눔으로써 자신들의 시장에서 경쟁력을 갖춘 강소기업으로서의 역할을 충실하게 수행할 수 있게 되었다.

A기업의 경우는 국내처럼 규모의 경제가 중요시되면서 대기업 중심 비즈니스가 경쟁력을 가지는 산업구조에서 하나의 중요한 사

례로 들 수 있다. 중소기업들이 어떠한 형태로 경영을 이끌어가야 할지 명확하게 제시하는 예시라 할 수 있다.

  A기업은 지금도 안정적으로 성장하고 있다. 특히 자신들의 특화된 영역에서는 지속적으로 경쟁력을 강화하여 더 높은 가치를 시장에 제공하는 중이다.

6장

1%
프로 컨설턴트의
특별 노하우

**PROFESSIONAL
CONSULTANT**

누구나
빠른 것을 원한다

비즈니스에서는 똑같은 성과라 해도, 그 성과의 시기가 언제인지가 중요하다. 즉 특정한 시점에 발생하는 성과는, 그 시점이 지나 발생하는 성과에 비해 그것이 지니는 중요성이 무한대로 높아진다.

비즈니스처럼 고객과 경쟁사가 존재하는 환경에서는 동일한 성과일지라도, 어떻게 하면 가장 적절한 시기에 발생시킬 수 있는가 하는 것이 중요한 이슈가 된다.

컨설팅의 경우에는 더욱 그렇다. 컨설팅 비용을 지급하는 고객들 입장에서 보면 내부에서 진행하기가 어렵거나, 내부에서 진행했을 때 오히려 비용이나 시간이 더 많이 드는 경우가 있다. 이렇게 효율성을 담보하기 어려울 때 외부 기관에 일임해 운영하는 경우가 대부분이다.

이와 같은 조건으로 본다면, 고객을 상대로 프로젝트를 운영하는 컨설턴트가 가장 중요하게 생각해야 하는 부분이 바로 '타이밍'이다. 마케팅의 법칙 중 '선도자의 법칙'이라는 것이 있다. 이것은 고객들이 새로운 제품을 볼 때 제일 먼저 시장에 출시된 제품을 가장 먼저 기억한다는 법칙이다. 이 법칙이 컨설팅에도 존재한다.

프로젝트를 통해 동일한 결과물을 만든다고 일단 가정해보자. 일정 시간이 지나 컨설팅을 의뢰한 고객이 결과를 궁금해하는 상황이 되었다. 이때 고객이 문의한 시점에 컨설턴트가 결과물을 제시하는 것과 그러한 문의를 한 뒤 한참이 경과한 시점에서 결과물을 제시한 것에는 큰 차이가 있다. 적절한 타이밍도 컨설턴트가 갖춘 능력의 하나로 간주될 수 있기 때문이다.

이것은 컨설턴트가 진행하는 프로젝트에 얼마만큼의 감각으로 어느 정도 노력을 하고 있는가에 대한 증거이기도 하다. 남보다 앞서 걷는 것, 남보다 한 발짝 미리 내다보는 일은 결코 쉬운 일이 아니다. 하지만 프로젝트 선두에서 일을 진행해야 하는 컨설턴트들은 그렇게 되기 위해 끝없는 노력을 기울여야 한다. 이러한 노력이 고객의 신뢰감 형성으로 이어진다.

이런 점을 감안하면 최고의 컨설턴트는 타이밍을 가장 중요시해야 한다고 말할 수 있다. 많은 컨설턴트들이 완벽한 결과를 추구하거나 고객이 원하는 수준의 산출물을 생성하려고 노력한다. 하지만 이것보다 더 중요한 것이 바로 타이밍이란 생각을 하지 못한다.

　내가 아는 사람 중 형지그룹의 최병오 회장이 있다. 그는 2012년 9월 창업 30주년을 기념해 자신의 좌우명인 '평생 남보다 반의 반 발자국만 더…'라는 말을 돌에 새겨 연수원 입구에 전시했다. 나는 이 말을 기업을 경영하는 경영주의 입장에서 생각해보았고, 그것에 얼마나 절실한 의미가 담겼는지 충분히 알 수 있었다.
　결국, 경영은 내가 혼자 잘해서 되는 것이 아니다. 이는 경쟁사와의 관계에서 끊임없이 고객들에게 평가를 받는 과정인 것이다. 나는 이러한 환경에서 가장 중요한 것도 역시 타이밍이란 생각을 한다. 남보다 반의 반 발짝 더 걷는다는 것은, 그만큼 미리 앞서간다는 말과 다르지 않다.
　고객들이 컨설팅을 의뢰할 때에는 경영에 무엇인가 도움되는 것을 얻기를 원한다. 그것은 세상에 없는 것도 아니고 아주 거창한 것도 아니며 또한 아주 완벽한 것일 필요도 없다. 고객이 원하는 것은 지금의 비즈니스를 하는 데 내부에서 하는 것보다 조금 더 효과적이거나, 조금 더 효율적인 아웃풋인 경우가 대부분이다. 이러한 아웃풋의 가장 중요한 점이 타이밍이다.

　컨설턴트가 갖추어야 할 덕목 중, 자신의 생각을 효과적으로 정리해 그 결과물을 효율적으로 사용하는 것도 중요하다. 여기서 생각을 효과적으로 정리한다는 것은 가시적인 결과물을 만들어야 한다는 뜻이다. 컨설턴트들이 가장 어려워하는 것은, 어떤 생각을 구조화하는 과정이 아니라 그 생각의 구조화를 통해 하나의 결과물들을 만들어내는 일이다. 많은 컨설턴트들이 자신의 생각을 구조화해 정리하지만, 그것을 통해 원하는 수준의 것으로 만들어내는 일에는 능숙하지 못하다.

고객이 원하는 것은 생각의 구조화가 아니라 그러한 작업을 통해 나온 성과물들이 어떤 결과를 만드는가에 맞춰져 있다. 컨설턴트들은 이것을 명확하게 정리할 수 있어야 한다.

결과물을 효율적으로 사용한다는 것은 결국 타이밍을 말한다. 아무리 좋은 결과물을 만들어내도 시기적으로 늦었다면 그것은 그냥 하나의 좋은 아이디어로 사장되는 경우가 많다. 나는 지난 10년 동안 컨설턴트로 활동하면서 이러한 경험을 수도 없이 했다.

또한, 컨설턴트에게 가장 중요한 것들 중 하나가 효율성이다. 고객들은 비용을 지급하고 컨설팅을 의뢰한다. 그래서 컨설턴트는 반드시 고객에게 그에 상응하는 가치를 제공해야 한다. 그 가치가 바로 효율성이다.

조금은 부족하고 정리가 덜 된 결과물이라 해도 타이밍이 좋다면 고객의 비즈니스에 얼마든지 가치를 제공할 수 있다. 타이밍을 맞추는 능력은 현장의 활동을 통해서만 갖춰진다. 따라서 효과적인 성과물을 만들어내는 것보다 효율적인 활동으로 고객에게 가치를 제공하는 부분이 더 어려운 문제라고 할 수 있다.

아주 뛰어난 컨설턴트는 성과물에 대한 집중만으로도 효율적인 가치를 제공하기도 한다. 이것은 이론적인 접근이나 교육을 통해 습득되는 것보다 현장에서의 활동으로 얻어지는 경우가 더 많다. 이런 이유로 자신이 참여하는 프로젝트를 통해 얻은 경험을 체계적으로 정리하는 것은 컨설턴트들에게 매우 중요한 활동이다.

프로 컨설턴트는 이 노력을 통해 프로젝트의 스피드를 높이며 고객의 기대를 맞출 수 있다. 고객들은 빠른 것을 선호한다. 그 빠름은 당연히 일정한 수준의 효율적인 가치를 제공할 수 있어야 하는 것이다. 이 부분이 프로젝트를 진행해나가는 컨설턴트가 가장 고민해야 하는 부분 중 하나이다.

② 컨설팅 성공 노하우

컨설팅을 성공적으로 수행하는 네 가지 방법이 있다.

첫 번째 방법은 결과물의 이미지를 명확히 하는 것이다.
보통의 프로젝트는 고객의 예상 기대치나 요구사항을 파악해 그에 대한 수행 방법을 제안서 형태로 공유하는 형식을 취한다.
이때 고객들이 자신들이 원하는 부분들을 명확하게 제시한다면 컨설턴트 입장에서는 제안서를 작성하는 데 한결 부드럽게 접근할 수 있다. 그러나 대부분의 고객들은 자신이 원하는 요구를 명확하게 정리하지 못하는 경우가 많다. 이런 경우 컨설턴트가 작성하는 제안서는 고객의 요구를 기반으로 어떠한 결과물을 제출할지 명확하게 나타내기가 어렵다. 또 컨설턴트가 그것을 나타냈다고 해도 고객 입장에서는 제안서의 내용을 이해하기란 쉽지 않다. 이런 단계를 거쳐 프로젝트가 시작되면 진행하는 과정에서 고객과 컨설턴트의 의견이 충돌하게 된다.

컨설턴트는 전체 일정에 맞춰 정해진 결과물을 도출해야 하기에, 당연히 결과물의 범위가 뒤로 갈수록 좁아지게 된다. 하지만 고객은 프로젝트가 진행되는 과정에서 자신들의 예상 기대치나 요구사항을 충족시킬 수 있는 또 다른 아이디어를 얻기도 한다. 때문에 새로운 각도에서의 접근을 요구하게 되는 것이다.

컨설턴트가 많은 아이디어를 수용할 수 있다면 문제가 없다. 그러나 대부분 고객들의 요구는 프로젝트의 범위를 넘어가는 경우가 많다. 따라서 그 범위에 대한 문제에서 서로 의견이 충돌하는 지점이 생기는 것이다.

문제를 최소화하기 위해 컨설턴트는 프로젝트 초기 단계에서 고객과 함께 결과물의 이미지를 명확히 하는 작업을 충분히 해야 한다. 이를 통해야만 진행되는 과정에서 생기는 고객의 또 다른 요구를 사전에 공유하고 충족시킬 수 있다.

어떤 컨설턴트들은 초반에 어렵게 진행되거나 고객과 벌어지는 마찰은 프로젝트의 성공을 위해 필수적이라고 말한다. 프로젝트 초반에 이러한 수고를 아끼는 경우에는 필연적으로 고객과의 의견이 후반에 상충되기 때문일 것이다.

두 번째 방법은 정기적인 커뮤니케이션을 하는 것이다.

프로젝트를 시작하면 고객이나 컨설턴트 모두 자신들의 업무에 집중하게 된다. 그리고 정해진 일정을 소화하기 위해 최선의 노력을 한다.

이때 발생하는 공통된 특징은 시간이 지나 과업이 진행될수록 더 많은 이슈가 발생한다는 것이다. 그러므로 프로젝트를 진행하는 동안 각각의 단계에서 일정한 간격으로 고객과 함께 커뮤니케이션을 해야 하는 것이다.

만약 고객과 같은 장소에서 프로젝트를 진행하는 경우라면 커뮤니케이션의 오류를 최소화시킬 수 있다. 반대로 각기 다른 장소에서 진행하는 프로젝트라면 각각의 단계를 위한 커뮤니케이션에 더 많은 노력을 기울여야 한다.

많은 컨설턴트들이 일정에 쫓기다 보면 커뮤니케이션의 타이밍을 잃어버린다. 이런 상황이 되면 프로젝트의 뒷부분에서는 서로 의견을 조율하는 데 굉장히 많은 시간을 할애해야 하는 일들이 발생한다.

세 번째 방법의 포인트는 1차 자료와 2차 자료를 분리해서 활용하는 것이다.

우리가 말하는 1차 자료는 컨설턴트가 프로젝트와 관련해 직접 만드는 자료이다. 2차 자료는 컨설턴트가 직접 만들지는 않았지만 진행하는 프로젝트와 관련성이 높은 것을 의미한다.

컨설턴트들이 프로젝트를 시작하면 1차 자료를 작성하느라 많은 수고를 들인다. 그러나 프로젝트에서 높은 성과를 내기 위해서는 2차 자료를 처리하는 데 더 많은 수고가 필요하다. 2차 자료는 1차 자료에 비해 목적 적합성은 떨어지지만 짧은 시간에 높은 수준의 자료를 확보할 수 있다는 특징이 있다. 이 때문에 프로젝트 성과물의 수준을 높이는 데는 2차 자료의 활용이 필수적이다.

많은 컨설턴트가 자신의 경험에 의존해 1차 자료를 만드는 데 집중한다. 심지어 특정 프로젝트에서는 이미 다른 프로젝트에서 도출된 것과 비슷한 산출물이 작성되어 오히려 고객들에게 지불거절이나 손해배상 청구를 받기도 한다.

컨설턴트의 능력 중, 이 2차 자료를 면밀하게 처리하는 능력의 중요성이 더욱 커지고 있다. 그것은 2차 자료의 처리 능력이 프로젝트의 성공과 실패에 절대적인 영향을 주기 때문이다.

마지막 네 번째 방법은 결과물을 잘 포장하는 것이다.

아무리 좋은 상품도 최종 마무리가 잘못되면 가치가 떨어진다. 프로젝트 결과물은 그 의미가 더욱 크다. 특정한 산출물이 나왔는데 그것이 어떤 영향력을 주었는지의 문제는, 컨설턴트가 그 결과물을 어떻게 포장하는가에 달려 있다.

개인적으로 경험한 프로젝트에서는 내가 만든 산출물의 영향이 아니라 시장 변화에 따라 평가를 받는 경우도 있었다. 결국, 그런 방법으로 고객에게 가치를 제공할 수 있는 것도 일종의 컨설팅 기법이라 할 수 있다.

  이렇게 효과를 창출하기 위해서는 프로젝트 마지막 단계에서 컨설턴트가 도출된 결과물들을 잘 포장해야 한다. 잘 포장된 것의 효과는 일반적으로 전달되는 결과물에 비해 고객에게 높은 신뢰를 제공하기 마련이다. 때문에 실제로 고객의 실행력이 높아지는 효과를 동반한다.

성공과 실패의 사다리

프로젝트의 성공과 실패에는 여러 요인이 작용한다. 여기서 중요한 점은 컨설턴트는 어떠한 경우에도 프로젝트의 결과를 성공으로 이끌어야 한다는 것이다.

나는 2006년부터 현재까지 10여 년 동안 25개 이상의 기업과 40여 개 프로젝트를 수행해왔다. 다른 컨설턴트들이 1년에 2~3개 정도 프로젝트를 수행하는 것과 비교한다면 약 30%를 더 수행한 것이다. 이런 배경에는 두 가지 이유가 있다.

첫 번째 중요한 부분은 컨설턴트가 프로젝트를 수행하는 것은 컨설턴트의 수입과 직접적인 관련이 있다는 사실이다. 일반 기업체와 달리 컨설팅 회사는 컨설턴트의 연봉을 프로젝트에 투입되는 공수에 따라 지급비용을 결정한다. 개인적으로 컨설팅 회사를 운영하는 경우에도 마찬가지다. 프로젝트의 총수입에서 각각 투입된 일수나 시간을 계산해서 지급비용을 결정하는 일이 많다.

이런 이유로 컨설팅 업계에서는 동일한 수준의 컨설턴트라 해도 프로젝트 수행 여부에 따라 개인이 받는 수입에 차이가 있다. 즉 프로젝트를 많이 한 컨설턴트는 많은 수입을 가지게 되고, 참여하지 못하는 컨설턴트는 수입이 없다. 우리는 이러한 컨설턴트의 입장을 좋은 의미로는 전문가라고 하지만 부정적인 의미로는 비정규직이라 한다.

어쨌든 컨설턴트는 프로젝트를 많이 수행할수록 더 높은 수입을 가지게 된다는 결론이다. 그러나 컨설턴트가 프로젝트를 많이 하고 싶다고 해서 다 할 수 있는 게 아니다. 고객의 요구가 있거나 새로운 이슈를 만들어 고객에게 수주를 해야 하는 것이다.

사실 요즘처럼 기업들의 성장이 어려운 시장에서, 컨설턴트들이 지속적으로 수행할 수 있는 프로젝트를 계속해서 수주하는 것은 쉽지 않은 일이다. 컨설턴트가 지속적으로 프로젝트를 수행해 안정적인 수입을 유지하기 위해서는 자신만의 전문성이 있어야 한다. 거기에 더해 자신이 진행하는 프로젝트에 대해 책임을 지고 성과를 내야 한다.

돈을 지급하고 컨설팅을 받은 고객이나 시장에서 프로젝트를 수주하는 컨설팅 회사들은, 상당한 경쟁을 통해 새로운 프로젝트를 수주하게 된다. 때문에 프로젝트의 수행 팀을 짤 때도 매우 신중하게 결정한다.

만약 동일한 프로젝트에서 성과를 올리지 못했거나, 고객으로부터 클레임을 받은 이력이 있다면 대부분의 컨설팅 회사들을 그 컨설턴트와는 두 번 다시 일을 하지 않는다. 그래서 진정한 프로 컨설턴트에게는 자기 분야의 전문성과 더불어 철저한 자기관리가 필요하다.

이를 통해 어떠한 경우에서도 자신이 담당한 분야에 대한 성과를 창출해야 하는 임무를 가진다. 그렇지 못한 컨설턴트들은 단기간 시장에서 활동하다 기업으로 다시 돌아가거나 스스로 다른 일을 찾아 움직이게 된다. 프로 컨설턴트로 롱런하기 위해 가장 중요한 것은 자신의 전문성을 바탕으로 지속적인 성과를 창출하는 것이다.

하지만 프로젝트에 따라 컨설턴트의 전문성만으로 해결되지 않는 문제도 많다. 시장에서의 특수한 상황과 맞물리게 되면 아무리 전문성을 갖추고 움직인다 해도 의미 있는 성과를 창출하지 못하는 일이 발생하기 때문이다. 이러한 상황을 극복할 수 있으려면 컨설턴트가 풍부한 경험을 갖추어야 한다. 이로써 주어진 상황을 정확하게 판단해 프로젝트에 주는 영향을 최소화하고, 자신의 노력을 최적화해서 최대 효과를 끌어낼 수 있다.

내가 진행했던 L기업의 사례가 있다. 프로젝트를 시작할 때 L기업은, 경영 혁신을 통한 새로운 도약을 설계하는 상황이었다. 조직개편을 통해 새로운 편재로 아주 활기차게 시작하려 계획한 것이다. 이러한 노력에도 상반기가 지나면서 조금씩 경영 상황이 나빠졌고, 주요 고객사들의 급격한 거래중단의 영향으로 경영 위기에 직면했다.

결국, L기업은 하반기에 외국기업의 투자를 받아야 하는 입장에 이르렀다. 이 과정에서 기업의 경영진이 전문 경영진으로 교체되었다. 내 쪽에서 보자면 프로젝트를 운영하는 동안 프로젝트 주체인 회사대표가 바뀐 것이다.

전문경영인으로서 회사 운영을 맡은 새로운 대표는 대대적인 조직개편과 비용 절감에 들어갔다. 회사의 구조를 바꾸는 작업에 돌입한 것이다. 당연히 6개월간 진행되었던 프로젝트에 관해서도 꼼꼼한 점검이 진행되었다. 프로젝트를 담당하고 있는 나에게도 결과물에 대한 많은 요구가 들어왔다.

나는 이러한 상황을 정면으로 돌파하기로 했다. 우선 기존의 결과물에 연연하지 않았다. 새로운 환경에서 조정해야 하는 부분까지 보완하고, 새로운 경영진들에게 도움이 될 수 있는 추가적인 작업을 진행해 제시했다.

새로운 경영진들은 프로젝트의 결과에 대단히 만족해했다. 비용도 다른 분야보다 최우선으로 지급했다. 또한 어수선한 상황임에도, 그 프로젝트의 후속인 새로운 프로젝트 실행에 대한 추가 이슈까지 발신하는 상황을 만들었다.

나는 프로젝트의 성공과 실패는 일종의 사다리라고 생각한다.

어떤 프로젝트든지 편하게 성공했던 적은 없었던 것 같다. 모든 프로젝트는 항상 실패의 요인을 내재하고 있기 마련이다. 단지 그 요인을 디딤돌로 밟고 성공의 단계로 오르느냐 마느냐는 컨설턴트 자신에게 달려 있다.

아무리 훌륭한 컨설턴트에 아무리 좋은 조건이라 해도, 그 안에 내재된 수많은 실패의 요인들을 직시하지 못한다면 그는 결국 실패의 이름을 벗어날 수 없다. 이는 곧 컨설턴트가 사다리의 다음 단을 향해 오르지 못한다면 결국 그 프로젝트는 실패한다는 말이다. 내가 생각하는 프로젝트의 성공과 실패는 하나의 사다리에 함께 담겨 존재하는 단계일 뿐이다. 사다리의 어떤 단을 오르느냐는 모두 컨설턴트 자신의 몫이다.

'자문 컨설팅'이 답이다

지난 10여 년간 40개 가까운 프로젝트를 하면서 즐거웠던 적도 있고, 정말 힘들었던 적도 있다. 하지만 지금 생각해보니 프로젝트 하나하나가 나에게는 모두 중요한 경험이 되었다.

내가 '동원'이라는 기업에서 직장생활을 할 때에는 한해를 마무리하고 나면 다시 같은 프로세스를 통해 다음해의 일들을 계획했다. 그리고 계획대로 실행하고 결과를 체크해 다시 조정하고 마무리하는 일들을 반복했다.

특별한 부서의 이동이라든가 실무자에서 관리자로 승진하는 등의 일이 없으면 반복에 반복일 수밖에 없었다. 동일한 일을 일 년 단위로 계획하고 실행하고 결과를 확인한 뒤 성과를 체크하는 일들을 변함없이 지속했던 것이다.

나는 그런 패턴을 벗어나 컨설팅 회사로 이직했다. 이직한 컨설팅 회사의 대표와 면접하는 자리에서 나는 영업 현장의 지점장 생활을 7년 했다고 말했다. 그러나 동일한 지점에서 동일한 고객들을 대상으로 동일한 일을 7년을 했다는 것은 결국 경력이 같다는 뜻으로 간주되었다. 그래서 지점장 경력을 7년으로 보기 어렵다는 말이 돌아왔다.

그때는 이 말이 무슨 뜻이었는지는 이해가 되지 않았다. 하지만 지금은 신입 컨설턴트들과 면담을 할 때 오히려 내가 이 말을 하고 있다. 컨설팅 회사에서의 프로젝트는 대부분 기업이 바뀌거나 산업이 바뀌면서 진행된다. 아니면 같은 기업이더라도 부서나 담당자가 바뀌는 경우가 대부분이다. 즉 컨설턴트는 매년 일을 하면서 똑같은 산업에서 똑같은 기업과 똑같은 부서의 일을 똑같은 담당자와 하는 경우가 거의 없다. 물론 자신의 전문 분야는 있다. 이 말은 자신의 전문 분야에서 일을 하면서 매번 다른 환경에서 일을 한다는 뜻이다.

이렇기에 하나의 프로젝트가 끝나면, 나무가 일 년을 보내고 나이테가 생기는 것처럼 컨설턴트에게는 또 하나의 경력이 쌓인다. 컨설팅 회사에서 일을 하는 것은 일반 기업에서의 경우와는 조금 다른 의미를 갖는다.

기업에서는 자신의 자리에서 주어진 일을 충실하게 해내는 것이 중요하다. 그러나 컨설팅 회사에서는 항상 낯선 환경에서 새로운 경험을 하게 되는 것이다. 이 경험들은 다른 프로젝트에 활용할 수 있는 커다란 자산이 된다.

이런 이유로 컨설팅 회사에서 1년을 근무하는 것은 일반 기업에서 3년을 근무하는 것과 같은 강도를 가진다고 보기도 한다. 나는 이 말에 일부 공감한다. 어떤 때에는 전혀 생소한 산업에서, 한 번도 들어보지 못한 기업들과 1년 넘게 프로젝트를 진행해야 하는 경우도 있다. 하지만 컨설턴트는 어떤 상황이나 어떤 경우에도 '생소한 분야라서 모른다'고 해서는 안 된다.

높은 수준의 보수를 받는 전문직이기에 사전에 충분한 노력이 필요하다. 컨설턴트는 이런 노력을 통해 그 산업에 대한 적정한 수준의 이해를 갖추고 있어야 한다는 직업적 특성이 있다.

새로운 산업에서 새로운 회사와 일을 한다는 것은 대단한 스트레스를 동반한다. 또 그러한 환경에 적응하기 위해 그 산업에 대해 최소 한 달간은 강도 높은 조사를 해야 한다.

이 과정을 거치면서 처음 10개 정도의 프로젝트를 할 때에는, 시작할 때마다 늘 새로운 산업에서 새로운 기업들과 진행한다는 느낌이 들었다. 심리적으로 엄청난 부담을 가질 수밖에 없었다. 나는 아직도 이때를 프로젝트 진행에 들어서면 우선 두려움이 앞서던 순간들로 기억한다.

20개 정도의 프로젝트를 경험하고 나자 어느 정도 적응력이 키워졌다. 이때의 내게는 프로젝트를 나누는 습관이 생겼다. 즉 내가 경험했던 프로젝트와 처음 접하는 프로젝트를 분리하게 된 것이다. 전에 경험했던 비슷한 프로젝트를 할 때는 자신감에 차 있었지만, 처음 마주하는 프로젝트 앞에서는 두려움이 먼저 고개를 들었다.

30개 정도의 프로젝트를 진행하고 나자, 프로젝트의 성과로 무엇을 얻었는가에 대해 진지하게 고민하게 되었다. 프로젝트를 통해 고객사의 비즈니스에 어떤 성과가 발생했는지, 또한 나는 그 성과를 만들기 위해 어떤 일을 했는지가 매우 중요했다. 이때의 나는 내 일에 대해 대단한 자부심이 있었다. 지금은 40개의 프로젝트를 진행하는 지점에 닿아 있다. 그래서인지 자문 컨설팅이 정말로 중요하다는 생각을 한다.

기업에 있는 사람들은 자신의 산업에서 늘 접하는 경쟁사들과 함께 고객들을 만난다. 또 비슷한 수준에서 업무에 집중하기 때문에 비즈니스적인 시야를 좀처럼 넓게 가지기 어렵다.

컨설턴트는 이와 다르다. 자신의 일에서 계속 새로운 경험을 하고 여러 산업을 거치기에 자연히 시야가 넓어진다. 이런 직업적 특성상 어떠한 산업이든 그 문제를 정확히 보고 해결책을 제시할 수 있는 통찰력을 가질 수 있다.

외부 컨설턴트로서 이러한 비즈니스 통찰력을 가진 사람을 '프로세스 전문가'라고 할 수 있다. 또 기업의 내부에서 그 일에 오랜 시간 종사해 그 분야에 정통한 사람을 나는 '내용 전문가'라고 생각한다.

어떤 기업과 프로젝트를 진행할 때 가장 효율적으로 성과를 낼 수 있는 방법에는 여러 가지가 있다. 대표적인 예를 들자면, 외부의 프로세스 전문가와 기업 내부의 내용 전문가가 모여 힘을 합쳐 일을 진행하는 경우이다. 이런 형태의 프로젝트를 나는 '자문 컨설팅'이라 부른다.

지금까지 내가 경험한 많은 프로젝트에서 가장 성과가 높았던 것은 자문형 컨설팅을 진행할 때이다. 물론 고객사와 컨설팅사의 시너지가 중요하지만, 이러한 형태로 프로젝트를 진행했을 때 기업은 가장 효과적으로 성과를 창출할 수 있다.

평생직장은 없다

지금은 경제적으로 어느 때보다도 불확실성이 강한 시대이다. 청년 취업률은 사상 최저치를 기록하고 있고, 경제가 위축되면서 기업들이 어려움을 겪고 있어 직장인들 또한 매우 불안해한다. 게다가 '100세 시대'가 코앞으로 다가오면서 평균수명은 이미 80세를 훌쩍 넘겼는데, 정년퇴직 연령은 평균 52세로 짧아졌다. 즉, 직장은 직원을 평생 책임져주지는 않는다. 이로 인해 점점 많은 사람이 소득 없이 지내거나, 섣불리 창업했다가 빚더미에 앉음으로써 사회적인 문제가 되고 있다. 더욱이 베이비부머 세대의 퇴직과 사회의 급속한 노령화 같은 문제로 인해 사회 전체의 경쟁력이 약해지고 있다.

하지만 이러한 어려움은 결코 영원하지는 않을 것이다. 어떤 이유에서건 숱한 경제적 어려움이 찾아왔고, 매번 새로운 타개책이 나왔다. 게다가 그 어려움 속에서도 성장을 지속해나가는 기업이나 새로이 성장하는 산업들이 생겨났다. 그러한 분야에서는 위기가 오히려 기회가 되기도 한다.

프로 컨설턴트는 이처럼 위기를 기회로 만들 수 있는 직업이다. 보통의 컨설턴트들은 일이 줄어서 힘들다고 하는데, 나를 비롯한 몇몇 '프로 컨설턴트'들은 오히려 일이 늘었다. 이렇게 어려운 시기에 더 많은 컨설팅 의뢰를 받는 것은 당연히 나 자신이 가지고 있는 경험에 지식체계를 갖춘 덕분이다.

단순히 경험 또는 지식 중 어느 한 가지만으로는 경쟁력을 가지기 어렵다. 개인이건 조직이건 경험에 지식이 더해져야만 경쟁에서 살아남을 수 있다. 지금과 같이 저성장이 이어지는 와중에 경쟁이 치열한 시장에서는 양극화 현상이 뚜렷해지기 때문에, 경쟁력 있는 조직이나 개인은 위기를 기회 삼아 오히려 더욱 성장할 수 있다. 앞서 본문에서 제시한 컨설팅의 6모델과 자신의 경험을 기반으로 하는 프로 컨설턴트라면 어려운 사회적 상황에서도 고객에게 이를 극복할 수 있는 최선의 답안을 제시함으로써 더욱 큰 기회를 갖게 되는 것이다.

  이 책을 읽은 독자라면, 프로 컨설턴트가 되기 위한 첫걸음을 뗐다고 볼 수 있다. 만약 더 궁금한 내용이 있다면 책 표지의 저자 소개에 실린 주소로 메일을 보내면 성심성의껏 답해주겠다.
  부디 이 책이 프로 컨설턴트가 되고자 하는 사람에게 도움이 됐길 바란다.

프로 컨설턴트
황창환

프로 컨설턴트에 대한 Q&A

Q1
컨설턴트가 되려면 자격증이 필요한가요?

그렇지 않습니다. 컨설턴트에게 필요한 것은 경험과 지식입니다. 하지만 정부지원 컨설팅 사업 중에는 컨설턴트에게 '경영지도사' 자격증을 요구하는 경우도 있습니다.

경영지도사 자격증은 중소기업청에서 발급하는 것으로, 시험은 1년에 1번 1차와 2차로 구분해 진행합니다. 분야는 재무, 인사, 생산, 마케팅 4가지로 구분됩니다.

Q2
컨설턴트가 되고 싶은데, 어디서 어떻게 공부해야 하나요?

경영 컨설턴트는 기업 경영 전반, 즉 재무관리, 인적자원관리, 생산관리, 마케팅, 회계 관리에 대한 기본적인 지식을 갖춰야 합니다. 대학원 석사 과정이나 MBA 과정을 통해 필요한 지식을 쌓기도 하고, 컨설팅 기관에서 운영하는 교육 프로그램을 이용해 공부하기도 합니다. 하지만 기본적으로는 자신이 기존에 공부한 분야나 종사하고 있는 분야에서 경험을 쌓는 것이 가장 중요합니다.

Q 전문 컨설팅 업체 소속 컨설턴트와 개인으로 활동하는 컨설턴트의 차이는 뭔가요?

전문 컨설팅 기관들은 전문 분야의 컨설턴트들을 확보하여 대부분 규모가 큰 프로젝트나 대기업을 대상으로 합니다. 반면 개인으로 활동하는 컨설턴트는 자신의 전문 분야에서 소규모 프로젝트나 중소기업을 대상으로, 주로 자문 중심의 컨설팅을 합니다.

Q 컨설턴트는 어떤 경로를 통해 컨설팅 의뢰를 받게 되나요?

일반적으로는 컨설팅이 필요한 기업이나 단체에서 컨설팅 회사나 컨설턴트들에게 의뢰를 합니다. 개인으로 활동하는 컨설턴트라면 그간 쌓아온 인맥이나 경험이 있기 때문에 의뢰를 받기가 비교적 수월합니다. 반면 초보 컨설턴트는 전문 컨설팅 업체에 들어가거나 기존 컨설턴트들이 맡은 프로젝트에 참여하는 과정 없이는 의뢰를 받기가 어렵습니다.

Q5
컨설팅 결과가 좋지 않으면 컨설턴트가 불이익을 받을 수도 있나요?

컨설턴트의 활동은 철저히 계약을 기준으로 합니다. 그렇기에 계약을 어기거나 계약서에 명시한 내용을 지키지 못한다면, 심한 경우 손해배상을 청구받기도 합니다. 예를 들어 3개월 이내에 결과물을 내놓기로 했지만 이를 지키지 못해 의뢰한 기업에 손실을 입혔다면, 이에 대한 손해배상을 해야 할 수도 있습니다. 손해배상 청구까지 가는 경우가 많지는 않으나 불가능한 것은 아니므로, 컨설턴트라면 책임감을 가지고 계약을 철저히 이행해야 합니다.

Q6
컨설팅에도 여러 가지 분야가 있나요?

컨설팅 분야는 다양하지만, 경영 컨설팅을 예로 들면 재무관리, 인적자원관리, 생산관리, 마케팅, 회계 관리라는 다섯 가지 분야로 나눌 수 있습니다.

Q 전문 분야별로 준비해야 할 것이나 공부할 것이 다른가요?

각 분야에 맞는 공부가 필요합니다. 예를 들어, 경영 컨설턴트 중 마케팅 컨설턴트가 되고자 한다면 당연히 마케팅 공부를 해야 합니다.

가장 좋은 것은 대학에서 자신이 배운 전공을 살리는 것입니다. 전공과 관련된 업무를 기업에서 수행하고 그 경험에 새로운 지식체계를 더하여 컨설턴트로 활동하는 것이 가장 성공 확률이 높은 방법입니다.

Q 컨설턴트가 하나의 기업을 전담해서 계속 컨설팅 하는 것도 가능한가요?

일본 같은 경우에는 한 명의 컨설턴트가 동일한 기업과 20년에서 30년 이상의 활동을 하는 경우도 많습니다. 그만큼 자신의 전문 분야에 깊은 내공을 가지고 있다는 증명이 되기도 합니다. 하지만 국내에서 활동하는 컨설턴트들의 경우에는 아직까지는 3개월 또는 1년 단위로 계약을 체결하고 활동하는 경우가 많습니다.

Q9

일반적으로 컨설팅 비용은 어떻게 계산하나요? 컨설팅 건별로 정해진 금액을 받는 건가요, 아니면 수익의 일정 부분을 퍼센티지로 받는 건가요?

대부분의 컨설팅 비용은 컨설턴트들이 활동하는 공수에 대한 일정 금액을 지급 하는 방식으로 결정됩니다. 하지만 똑같은 시간이라 하더라도 컨설턴트들의 분야와 전문성의 수준에 따라서 시간당 단가나 하루에 지급하는 비용에 많은 차이가 납니다.

Q10

여러 명의 컨설턴트가 협업을 하기도 하나요?

자문형 컨설팅은 혼자 진행하는 경우도 있습니다. 하지만 대부분의 프로젝트는 2명 이상의 컨설턴트와 기업 직원들이 팀을 이루어 과제를 해결하는 방식으로 진행됩니다.

북큐레이션 • 프로 컨설턴트를 꿈꾸는 사람이 읽어야 할 라온북의 책

평생직장이 사라진 시대. 프로 컨설턴트가 되어 제2의 삶을 설계하려면 자기 자신을 마케팅하고 스스로 수익률을 높이는 경영자가 되어야 합니다.

카카오스토리 채널 마케팅
임헌수 지음 | 16,000원

3,300만 모바일 고객을 잡는 비법!

다음카카오의 카카오스토리를 기반으로 한 옐로아이디, 스토리채널을 활용한 마케팅 방법을 알려주는 책. 국내 최고의 바이럴 계수를 가진 카카오 시스템의 특성을 이해하고, 바이럴의 기본 원리에 따라 홍보해보자. 전통적인 마케팅 채널인 네이버, 모바일을 장악한 카카오 그리고 구글(유튜브)에서의 총체적인 마케팅을 계획하고 있다면, 이 모든 것을 아울러 보여줄 수 있는 카카오에 대한 이해는 필수이다.

석세스레터
이용성 지음 | 13,800원

18개월 실적 저조 세일즈맨을 억대 연봉자로!
운명을 바꾸는 편지, 석세스레터.
고객을 감동시키고 싶다면 지금 당장 손편지를 써라!

많은 마케터가 '새로운 고객을 창출하기 힘들다'고 하소연한다. 정말 새로운 시장이 없을까? 특출난 능력을 갖춘 세일즈맨을 제외하고는 신규 고객을 창출할 수 없을까? 저자는 '손편지'를 '성공을 불러오는 편지, 석세스레터(Success Letter)'라 칭하며 강력한 무기로 연마했다. 그리고 이를 통해 억대 연봉 설계사가 되었다. 손편지를 통해 VIP 시장에 성공적으로 진입했고, 성과를 창출했다.
석세스레터는 새로운 시장을 개척하고 싶은 마케터, 신규 고객을 창출하고 싶은 세일즈맨에게 필수다. 고객에게 만족을 넘어 감동을 주는 마케팅으로 기존 고객을 관리하고, 충성 고객으로 만들고 싶어하는 모든 비즈니스맨에게 희망을 줄 유일한 끈이다.

반퇴 혁명

명대성 지음 | 13,800원

대한민국 35세, 지금 퇴직 준비해야 5년 후가 행복하다
"한발 앞선 퇴직으로 몸값 올리는 반퇴전략!"

'반퇴'란 회사에서 통보받는 '명퇴'와 상반되는 개념으로, 40대 초반에는 회사를 나와 정년 없이 고수익 올릴 수 있는 자신만의 일을 시작해야 한다는 것이다. 이를 위해 35세부터는 자신의 강점(콘셉트)을 갈고닦아 무기화해야 한다. 16년간 대기업에서 직장생활을 하며 승승장구했으나 꿈을 위해 회사를 박차고 나와 많은 실패와 성공을 겪은 저자는 '성공 반퇴 노하우'를 책에 담았다. 5~10년 후가 걱정되는 대한민국 30대 직장인이라면, 대한민국 최초의 반퇴전문가가 알려주는 노하우에 귀를 기울여보자.

기적의 절세법 시리즈
〈부가가치세편 | 상속·증여세편〉

장중진, 정해인 지음 | 각 권 15,000원

안 내도 될 세금 아껴주는 기적의 절세법!

〈기적의 절세법〉 시리즈는 누구나 알아야 할 절세 가이드이다. 최고의 세금 전문가들이 간단한 세법 상식만으로 '안 내도 될 세금'을 더 내는 일이 없도록 도와준다.
내지 않아도 될 세금은 내지 않는 '절세'야말로 순수익 높은 비즈니스의 기본이다. 매출 1억 원을 올려도 비용과 세금을 제하면 남는 것은 1천만 원에도 못 미치는 경우가 많은 반면, 세금은 아낀 금액 그대로가 남는 돈이기 때문이다.
〈기적의 절세법〉시리즈 1권, '부가가치세 편'에서는 부가가치세 절세를 통해 매출 1억 원을 이기는 비즈니스를 하는 법을 알려주고, 2권 '상속세 편'에서는 상속재산 확인부터 세금 신고, 계산, 절세, 세무조사 대처까지 집 한 채만 있어도 꼭 알아야 하는 상속 증여세의 모든 것을 알려준다.